U0452011

苏东坡传

诗酒趁年华　烟雨任平生

刘小川

——著

四川文艺出版社

只 为 优 质 阅 读

好
读
———
Goodreads

小 引

✤

国学大师陈寅恪说:"华夏民族之文化,历数千载之演进,造极于赵宋之世。"宋代文化是中国传统文化的巅峰,而屹立于巅峰的伟岸旗手,正是苏东坡。

本书始于对苏东坡的原始惊奇,并试图把这种惊奇贯穿到底。

四川眉山是苏东坡的家乡,位于川西平原,在成都、峨眉山与乐山大佛之间。我家距苏轼老宅仅百米之遥,从小就在他的英灵弥漫处跑来跑去。园林优雅的三苏祠供着苏家三父子的塑像。1963年,朱德到眉山,这位激动不已的总司令挥笔写诗:"一家三父子,都是大文豪。诗赋传千古,峨眉共比高。"而陈毅元帅也曾说:"吾读长短句,最喜是苏辛!"辛,指南宋的辛弃疾。

北宋蜀地有民谣:"眉山生三苏,草木尽皆枯。"三苏占尽人杰、用尽地灵,眉山百年内草木不旺。这事见于宋人笔记,不知是真是假。

苏轼与父亲苏洵、弟弟苏辙俱属"唐宋散文八大家",而当时的散文和今天文学意义上的散文不是一个概念。

苏轼家境不错,早年幸福。母亲程氏有佳名。原系大家闺秀,知书识礼。她对苏轼的教导,史书多有提及。乳娘任采莲,慈眉善目,以七十二岁高龄谢世,苏轼为她撰写墓志铭。大文豪的巨笔一生写过的墓志寥寥无几,王公贵族亦请不动。母亲与乳娘双双呵护苏轼的成长。及至其成家后,先后又有三位女性出现在苏轼的生活中,她们都姓王:王弗、王闰之、王朝云。宋朝女人,我们终于能知道全名了,不像李白、杜甫、白居易的夫人,只留下她们的姓氏。

母亲、乳娘、妻妾环绕着苏东坡,但有趣的是坡翁一生以豪放著称。女性的慈爱与温柔给了他一颗异于常人的仁慈之心,却未使他的性格有丝毫走样。他是男人气十足的。他悲天悯人有如杜甫,却比杜甫更快乐。他有很好的遗传:性格像父亲,而父亲又像祖父。祖父苏序是眉山街上出了名的怪老头,酒量大,脾气更大,看书观其大义,又行大义于乡里,后面有详谈。

在我小时候的记忆中,眉山这小城各种各样的古怪人物层出不穷,随便挑一个都足以写成一本精彩的厚书。倒是最近这十几年,人的行为模式突然趋于单一,欲望、意志、趣味看似各自流溢,实则积为一潭,逼近工业生产的流水线模式。个性被设定、被掌控,个体的局部反抗几乎毫无意义。个性,不可避免地走向个性的反向。究竟是谁,在设定人的喜怒哀乐,在制造那个标准化的"现实通道"？我重读享誉全球的哲学家马尔库塞的代表作《单向度的人》，副题是"发达工业社会意识形态研究"。结论已如书名。主要研究美国的他，令人信服地指出，所谓美国式的自由，其实受制于新型的极权。那是一个试图用资本、技术的逻辑掌控一切的国家。其对外的丛林法则、穷兵黩武，有其内在的动因。

中国置身于全球化进程毕竟时间短，尚有足够的回旋余地，以避免西方带来的严重异化。中华民族有几千年文明史，文化的伟力会自然生发。眼下的回归传统、以民为本，见证了古老的文明重获新生的伟大力量。

而作家有义务把活生生的传统带到当下，把一批又一批精彩人物写在纸上。

目录

001　生活之意蕴层

009　天才少年

017　多情少年

024　奇人张方平，醉翁欧阳修

045　初仕凤翔

050　亦敌亦友

054　十年生死两茫茫

060　国家亟待医国手

064　牛形人王安石，斗牛士苏子瞻

079　美感激活山水

089　人间天堂，酒食地狱

092　好风光加好女子，然后就有好诗词

097　老夫聊发少年狂

105　美政美词双丰，更有美人如月

112　小人难防

119　身陷乌台

127　生活大师

133　灵感缪斯

139　诗文书画，浑然天成

145　谁能伴我田间饮，醉倒惟有支头砖

160　不知更几百年，方有如此人物

172　司马牛，司马牛！

179	宋代青年真有福，能够崇拜苏东坡
185	文豪的小毛病
190	优秀的工程师
202	元祐党争
211	挂钩之鱼，忽得解脱
218	多欲，多慈，多思
222	高情已逐晓云空，不与梨花同梦
229	九死南荒吾不恨，兹游奇绝冠平生
236	心似已灰之木，身如不系之舟
245	后记　我的邻居苏东坡
250	苏轼作品赏析

生活之意蕴层

苏轼祖籍赵州栾城（今河北石家庄栾城区），因此有时候自称"赵郡苏氏"。唐武则天时，栾城有个叫苏味道的人，官至宰辅。据苏洵考证，此人是他的祖宗，再往上就不得而知了。苏味道主张遇事要含糊，"棱模执两端"，切不可旗帜鲜明，时人赠他一个绰号——苏棱模。一般情况下，这种态度为官是行得通的，但苏味道在武则天去世后棱模不下去了，他被贬为眉州刺史，后迁益州（今四川成都）长史，未赴任就去世了。他有一个儿子在眉山定居，其名已不可考，却繁衍了眉山苏氏。

苏味道与苏轼并无相似之处，一个棱模两端，一个棱角分明。

《宋史》："蜀人不好出仕。"走出去当官叫出仕。一个北宋读书人，必须从他的家乡走到汴梁（今河南开封）参加科举考试。考中的举人、进士，由朝廷分派到全国各地。即使小到九品官，也是由中央政府直接任命。唐朝盛行科举，普通庶族子弟经过寒窗奋斗而荣登士族，从此改变家族的地位。唐末陷入战乱，武人称雄,斯文扫地。不好出仕的远不止蜀人,而天府之国远离战火,百姓过着相对富足的日子,懒得翻过崇山峻岭去求仕。

北宋一统天下,版图不及盛唐,人口则过之。宋太祖赵匡胤调整国家战略,抑武人,重文士。这一调就是百余年,既有丰功伟绩,又有种种弊端。北宋文气大盛,文坛巨人、学术泰斗纷纷进入权力的核心层,创下历史之最。

科举之风劲吹。两宋三百年,单是眉山这样的小地方,就有进士八百余名,但大多出在三苏之后。

而苏轼祖上五代人,没有一个当官的。

我们就先从苏轼的爷爷说起。

苏轼的爷爷名叫苏序,是当地有名的怪老头。邻里称他"苏四大":个头大,酒量大,脾气大,喉咙大。他喜欢学张果老倒骑毛驴,身上歪挂个酒葫芦,在眉山城的石板路上晃悠。口中念念有词,旁人不大听得懂,原来他在念自己写的诗。"有所欲言,一发为诗",苏序写了几千首打油诗。

老爷子背负青天、手拿书卷。看书看得意了,大街上哈哈大笑,把路人吓一跳。小孙儿仰望爷爷,觉得爷爷比县太爷还了不起。城里有个茅将军庙,专门骗老百姓的香火钱,苏序带了二十多个后生去拆了茅将军庙,扯断了坏官劣绅合伙搞的利益链条,断了这些人的一条大财路。眉山的县官不讲道理,苏老爷子会冲到官厅去讲理,好像他才是上级。他的嗓门大得很,城门洞外都听得清清楚楚。眉山人喜形于色,奔走相告:苏老爷子又骂县太爷了。

很多年以后，苏轼写万言书，狠狠批评皇帝。

苏序干了一件事，眉山人传了几百年。他积谷数千石，装满了好多粮仓，城里人以为他想囤积居奇，灾年抛售赚大钱。问他，他不解释，又念念有词，原来他在掐算，顺手摸摸小孙儿的冬瓜脑袋。第二年，眉山大旱，庄稼都干死了，人心惶惶，有人节衣缩食，有人想逃荒，逃到成都去。几家粮铺趁机哄抬粮价，人们议论纷纷：囤粮大户苏序有何动静？怕是要卖高价喽，黄澄澄的谷子一担担挑出来，那白花花的银子哦，流进城西苏家去了。

苏序开了粮仓，"散谷千石"，专散贫困户。眉山人先是傻眼了，继而欢呼，奔走相告：苏老爷子放粮救灾啦！苏东坡回忆祖父的文章《苏廷评行状》称他"急人患难，甚于为己"。

很多年以后，苏东坡在杭州建"安乐坊"，看病不收钱，救了成千上万染上瘟疫的人。祖孙二人行事好像商量过似的。

《三字经》说："苏老泉，二十七。始发愤，读书籍。"苏老泉即苏洵，苏轼的父亲，家中排行老三。初读这段话，以为苏老泉二十七岁才走上正路，此前一直贪玩好耍。其实他并非不学，只是讨厌科举。能讨厌科举的人自是有些与众不同。

小时候的苏洵是眉山的"费头子"，天上都是脚板印，天天玩到黑摸门。"费"在四川方言中有淘气之意，费头子类似孩子王。家里有棵黄荆树。这种树的枝条又长又细，打得屁股精痛，却不伤筋骨。

年纪稍长,苏洵在小城眉山费够了,于是出了门,上峨眉,渡三峡,越荆楚,入中原,见识了大世界。家里有祖田,有城南纱縠行经营绢帛的小产业,为他提供盘缠。他回来了,说话南腔北调,举手投足有派,大谈汴京的大人物范仲淹、欧阳修、韩琦。听上去,这些大人物都跟他有关系。左邻右舍也来听他讲。讲完了,他的眼睛亮如灯。有人却问:苏处士,汴京黄金榜上有你的大名吧?

苏洵的亮眼睛顿时暗下来了:进京考进士,一考再考,名落孙山。他已成家,妻子程夫人出自眉山的大户人家,还生了两个儿子。接下来怎么办?还行不行万里路?全家人等着苏序拿主意。这老爷子喝着洪雅县道泉茶,摸摸孙儿的冬瓜脑袋,开了金口:老三,明年还想出去?

苏洵忙道:想!

于是,苏洵又野出去了。邻居揶揄:苏家老三就是脚野,钱多了,一把把花买路钱,铜板白白撒一地。

苏序听见了,装作没听见。其实,家里穷了,程夫人当街做生意卖布帛,赚的钱都成了丈夫的路费。苏轼、苏辙正在吃长饭,一顿顿狼吞虎咽,又上学堂,交学费。程夫人悄悄典当她的嫁妆……丈夫出远门一年半载,终于回眉山啦!这一回,苏洵却是灰头土脸,衣裳破烂,语音混乱。程夫人心都紧了,公公依然不动声色。

苏洵这次回来的变化是：一头扎进书房南轩，半夜三更还在苦读。

宋代的眉山是全国三大刻板印刷中心之一，十户人家九户有藏书。属县青神有著名的孙氏书楼，藏书达数万卷。

在当时，苏洵的远游何尝不是很好的学习？古代信息闭塞，有志之士八方游走，几乎是一种"文化本能"。春秋战国四百多年，策士、侠客、思想家幽灵般地穿梭着，埋下中国人游荡的基因。

苏洵游到成都，结识了益州知州张方平；游到京师，进入翰林学士欧阳修的超级沙龙。这个沙龙里有梅尧臣、曾巩、张先、司马光、王安石等，都是北宋政坛、文坛响当当的人物。苏洵以一介布衣能有如此交游，至少说明两点：一是他本人有才华、有闯劲；二是北宋大人物大都平易近人，不拿臭架子。

苏洵倒有点拿架子，在人格上藐视王安石。

封建社会虽然等级森严，但是盛唐与北宋有令人惊讶的宽松局面，大臣指责皇帝的事情经常发生。皇帝的重大决定，大臣若是不同意，那就很难让他执行皇命，他宁愿拍屁股走人，类似公司员工拒绝与老板合作。皇帝还不能因此降罪于他，有时候还得讨好他，担心他退休不管事。

唐朝以诗取士，北宋文人主政。人文修养于政治，看来是举足轻重。

北宋值得研究。

苏洵的发愤和远游，为大儿子苏轼提供了两种财富：书籍的氛围、世界的广阔。一般小孩儿憧憬未来，持续三年或五年，这憧憬通常能影响他的意志走向，预设他的未来。憧憬的过程中，会发生很多事，主观、客观难以分辨。

写历史人物，能进入憧憬这一类人生之关键环节的内部吗？随处可见的，是对人物的模式化处理。我平常读国内的人物传记本已疑虑重重，尤怕读传记人物的青少年期：无限的个体差异几乎被无限取消。

回头再看儿童题材的影视剧，更是倒抽一口冷气……

问题严重！

但愿我有机会，深入少年苏轼的内心憧憬，并以此展开他雄视古今的广阔生存。

性格遗传，母性呵护，书卷气和野性环境，这些不同的东西同时作用于早年的苏轼。蜀地少战乱，"生活史"悠久，民间花样繁多，吃的用的玩的应有尽有。生活的丰富又引起语言的丰富，十里之外别有方言俚语。我一直在揣摩，苏东坡之所以成为语言大师，眉山的语言环境对他究竟有多大的帮助？

眉山人的语言机智、生动、幽默，充满了随意性。

如形容生气：早就忍得你水滴！

又如形容冒火：我这火呀，一朵一朵地冲。

再如形容小孩儿四处疯玩：天上都是脚板印，天天玩到黑摸门。

……

小时候我母亲的许多口语，我这调皮捣蛋常挨骂的儿子，至今记忆犹新。

苏东坡不可能是那种一天到晚枯坐书斋的男孩，他会八方撒野，天上都是脚板印。眉山老城，穿城三里三，环城九里九。城里除了青石板铺成的街道，也有田地，有河流。东门外有繁忙的水码头，有宽阔而清澈的岷江，有踏青的好去处蟆颐山。站在西边的城墙上，抬眼便是海拔三千多米的峨眉山……北宋的眉山城因是州府所在地，城中八千户，小孩子永远是高高矮矮结队成群，今天拿钓竿明天揣弹弓的，春夏秋冬有的是玩，玩的花样超过一百种，包括斗嘴打架——男孩儿不打架还能叫男孩儿吗？不过请放心：打不出人命的。四季格外分明。夏天是个啥概念呀？夏天是五十种芬芳、七十种天籁、九十种色彩。到处都有清凉的水、可供攀缘往水中扎猛子的黄葛树。男孩儿谁不是"浪里白条"？过节了，过年了，男孩女孩穿新衣，走东家串西院……苏轼在眉山一直待到二十岁，出去做官后又两度回来丁忧，在眉山的时间加起来一共有二十五六年。"生活世界"留给他的印象太深了。这位终其一生对生活抱着不可思议的巨大热情的人，他为何坚决反对王安石搞大刀阔斧的变法？理由有二：风俗、道德。

他深知风俗与道德来之不易。

而我们今天已经知道,生活世界的形成少则数十年,多则数百年,打碎它却可能在弹指一挥间。马克斯·韦伯有名言:"人是悬挂在由他自己所编织的意义之网中的动物。"

意义的生成必定是缓慢的,犹如绿色果蔬不能用激素。意义的嬗变同样需要足够长的过程。意义之网若是被无形的手粗暴扯烂,人就会变成被拔掉了触须的虫子,到处乱窜。

社会生活形同一张覆盖每一个角落的大网,生活的诸般韵味取决于这张大网。大网扯烂了,小网难保完整。

对生活的总体考察、把握,古今哲人走得很远了,如同触须强劲而敏感的虫子。有趣的是,他们不约而同所看重的,正好是普通人积聚生活韵味的地方。

目前科技发达,功利呼声大,生活变化太快,人活得像陀螺,韵味很难立足。往哲学层面上说:人类算计型思维盛行,"求意志的意志"泛滥,人对人、人对自然的掌控与掠夺,在理性面孔的背后潜伏着日趋张狂的非理性。虽然如此,但我个人对未来还是抱持乐观态度的。总有一天,生活的整体价值会呈现压倒性的局面,生活出了问题,一般人都会追问:谁在破坏生活的意蕴层,威胁生活的完整性,撕碎那张圣物般的意义之网?

本书写苏轼,理由简单:他既是大文豪,又是维护意义之网的生活大师。

天才少年

苏轼年少聪颖，不在话下，但他并不显得特别聪明。早慧的孩子往往难成大器。古人云："君子藏器于身。"小孩子的"器"藏在哪儿呢？在玩耍里。

苏轼小时候贪不贪玩？贪玩。有诗为证："我时与子皆儿童，狂走从人觅梨栗。"眉山城穿城三里三，环城九里九，好玩的去处数不清，小伙伴们动不动就高高矮矮一大群。苏轼苦读书，然后就释放。有人称他是"三好"学生：好玩、好吃、好学。

小苏轼如何去释放？上树摘鲜果，下水摸大鱼；骑牛读圣贤，淋雨走永寿。永寿镇在城东二十里，苏轼、苏辙跟着大人走亲戚，返回时忽遇偏东雨，个个淋得瓜兮兮的，唯独苏轼浑然不觉。他自诩三岁半就爱上了淋雨，毛毛雨、雷阵雨，淋得好生欢喜。"莫听穿林打叶声，何妨吟啸且徐行"，后来的名篇《定风波·莫听穿林打叶声》，有童子功的。当年淋雨走永寿可不是徐行，而是淋着暴雨冲过了河石坝，冲上了城东三丈高的唐城墙，再穿城三里三，冲进眉山城西温暖的家。他还拒绝喝母亲熬的姜汤。小小男子汉气宇轩昂。

小苏轼吃东西永远包嘴儿。天府之国食材丰富甲天下，母亲程夫人本在富贵窝中长大，见识过许许多多美味佳肴。她嫁到苏家，亲手做饭菜，她带到苏家的丫头任采莲做帮手。苏家菜那个香啊，香飘半条下西街。人们一旦走到了下西街，就要吸鼻子，相顾曰：闻到没有？苏家的回锅肉、苏家的小笼包、苏家的大蒜烧鲢胡子……

苏轼上学围着先生转，放学围着灶台转。母亲切肉，菜板上他要尝一口；乳母蒸肉包子，他咬得满嘴流油，烫得吞吐舌头。边吃边东问西问，很想知道一桌好菜是怎么弄出来的。后来，他在黄州（今湖北黄冈）写下打油诗《猪肉颂》："早晨起来打两碗，饱得自家君莫管。"一道千年美味，诞生在眉山西城墙根。

除了养出一张好吃嘴，小苏轼捉鱼打鸟也凶（厉害）得很，自称百步穿杨，能够穿叶射鸟：不需看见鸟，只见树叶子晃动，弹弓石子就射出去了。眉山的男孩子谁不玩弹弓啊？学堂先生刘微之也不反对，先生还引用孔夫子的"弋不射宿"，不打归巢鸟罢了。

狩猎之乐趣，深藏在人类的基因中。

苏东坡学习之余，伙起众兄弟，东打鸟西打鸟。那桑木弹弓浸过三次桐油，轻便、结实、称手、光滑、漂亮，一把好弹弓啊，拢集了原野，招呼了树林，连接了天高云淡，逼近了莺飞草长。一年四季有它，睡里梦里爱它；上学路上亲亲它，放学回家藏起它。自然之美与这把弹弓有关。存在的惊奇却先于美感。拢集广阔野地的弹弓啊……

可是母亲发现了它。母亲听说过，城里有个弹弓高手，原来却是自家娃。

母亲啥也不说。她捡了一只受伤的丁丁雀儿（小鸟），让苏轼给它养伤。苏轼一向对草药感兴趣，忙起来了，跑到城墙边挖了野三七，咬碎，敷在丁丁雀儿的伤口上；又弄虫子、蚯蚓喂它吃。必须细心周到，夜里溜下床看望它好几次，就这样整整忙了五天。小鸟的伤养好了，不肯飞走，只在苏家园子里飞来飞去，可爱极了。它的叫声非常好听，还引来许多同伴，在苏家五亩园子的杂树上筑巢、安家，其乐融融。这种鸟叫桐花凤，只有拇指大。

有一天母亲发现，苏轼在凝望堂屋里的佛像。

又有一天，苏轼悄悄把心爱的弹弓埋进土里。也许，程夫人并不知道，她也不问那把弹弓的去处。普天下的好母亲大概都这样。《东坡志林》有一篇文章：《记先夫人不残鸟雀》。

苏东坡做官四十年，辗转南北十万里，对老百姓仁慈无边。他小时候的体验无比重要。

程夫人注重言传身教，少有叽里呱啦地说大道理。

当年，眉山城发生了一件轰动几条街的大事：苏家后院发现宝藏啦！大街上，人们不分老幼，争先恐后去看宝。有人一面小跑，一面扭头开玩笑：吃啥子早饭哦，快点去看宝，看宝就看饱屎。

眉山人看热闹高兴了，常说：看饱了看饱了。如果发现并不热闹，则会说：看屎不饱，回家吃饱。

苏东坡的故乡人诙谐如此。

苏家发现宝，财宝归谁要？眉山后生念经似的唱："鸡公鸡婆叫，各人找到各人要。"

苏家要发财啦！人为财死，鸟为食亡。原来，程夫人做布帛生意，二十年前在城西纱縠行租了房子。一日，两个婢女在后院干活，"足陷于地，现一大瓮，覆以乌木"。乌木又叫阴沉木，成材须在千年以上。名贵木材覆盖的大瓮一定有值钱的东西，金银珠宝之类的。大瓮堪比院子里的大水缸，瓮中藏宝知多少？财宝的原主又是谁呢？眉山城没有人知道。苏家租的房子几易房主，无人埋藏过乌木大瓮，说不定是几百年前埋下的哦！

城里人议论说：财宝归苏家，我等没意见。程夫人做生意童叟无欺，这是老天爷对程夫人的馈赠！

后院涌入了百余人，围着那个现了半截的大瓮。孩子们窜来窜去，高唱"鸡公鸡婆叫，各人找到各人要"。苏家子弟中有人雀跃，这个人是苏轼的表哥，十二三岁。其他子弟莫衷一是，在犹疑，在观望。

苏轼的眼睛只看表哥，意向性透露出倾向性：他也想要财宝啊！他渴望的眼神又传到弟弟，传到苏不疑、苏不欺、杨济甫、巢元修……人是一种氛围动物。氛围在苏家后院形成了。

百十双眼睛望着程夫人，只看程夫人如何定夺。一时鸦雀无声，初升的太阳照着寻常院落。但见程夫人轻轻做个手势，"命人以土塞之"。

在场的所有人，对程夫人的手势印象极深，几十年忘不掉，一代代传下去。

苏家后院那片泥地恢复了原状。阴沉木又沉了下去。苏轼的表哥大失所望。苏轼也有点茫然。后来年复一年，苏东坡屡屡回思这个有朝阳升起的场面，省悟了，道德感点点滴滴浸入肌肤：不义之财，一文莫取。

因此我宁愿说：少年时代的苏轼心智健全。他家境尚可，家里有城西的五亩园子，有侍女，有乳母。早年的苏轼衣食无忧，这一点可以肯定，也很重要。穷苦人家的孩子一般都立志早，能发愤，但心中也会有阴影，长时间挥之不去。穷孩子的发愤多半就是同这种阴影作斗争，等他战胜了阴影，幸福地掉头回顾，却发现错过了童年。苏轼不同，他无忧无虑地生长，像一棵树，既有沃土，又有充足的阳光雨露。母亲程氏悉心教导他，甚至给他讲《汉书》中范滂的故事，这在古代是不多见的。现存的资料中，找不到苏轼小时候有过任何足以留下心理症结的东西。

不过史料又有一种弊端：关于苏轼，一般都讲他如何勤奋，如何才华过人。我本人对这些记载兴趣不大。一个人名气大了，他的早年生活就会被人套上莫名其妙的光环。我崇敬苏轼，对他成长的过程怀有浓厚的兴趣，可我不愿意看到一个从五岁起就读书读得摇头晃脑，一直摇到二十一岁进京应试的书呆子。我相信这不是真的。苏轼贪玩，可能调皮，可能有种种充满想象力的恶作剧，可能对人言语刻薄（朱光潜先生说过，刻薄是文学天才的四大要素之一）。总之，什么都有可能，就是不可能两耳不闻窗外事，一心只读圣贤书。

一般来说，所谓天才少年，是既能读又能玩的。感性、理性，甚至不妨来点野性，三者相加，得出悟性。这里分寸很重要，为父为母或为师当有把握细节的能力。

苏轼八岁入乡塾，老师是个道士（宋代的乡学教师中，道士不少），名唤张易简。道士上课着道袍，不总讲诗文，也讲讲鸡犬升天之类的故事。一般学生听听也就罢了，有个叫陈太初的，却能听出弦外之音。老师讲升天，他就会意地笑，仿佛故事里的主角不是别人，正是他陈太初。后来他也过了科举，大约也做过官。三十多岁，他忽然决定不再食人间烟火，在自家门前按道家规矩打坐，不吃不喝。朋友或路人劝他吃点东西，他不予理会。虽然饿得东歪西倒，脸上却浮着微笑，和童年的表情一般无二。朋友不知个中玄妙，不敢再来相劝，只远远地瞧着他幸福地摇晃。过了几天,他终于摇不动了,咽下最后一口气。朋友叫来下人抬尸体。时值新年,下人们一面动手,一面抱怨:大吉的日子抬尸体,真晦气!话音未落,"尸体"忽然开口说话:"没关系,我自己走。"说罢便从地上站起身,朝乡野走去,在一个僻静之所倒下来,重新变成一具尸体。

其时张易简早已作古,不知道自己有这么一个出类拔萃的弟子。而苏轼是知道的,他记下了这件事。"尸体"开口说话就是他讲的,所以很难说他不相信有升天这回事。

苏轼在乡塾读了三年书,换句话说,他稚嫩的眼睛望着张道士,整整望了三年。他心智正常,受道士的影响也就有限。他后来回忆,从乡塾到县塾,前后两任老师器重的学生,只有他和陈太初。陈太初听升天的故事听得怡然自得,而苏轼是因为一句话,让另一位老师刘微之吃惊不小。

眉山县塾首座、堂堂的刘微之教授,谁能让他失面子?当然是苏轼。苏轼何以让教授失面子?因为苏轼替教授改诗。当时,诗是一种非常了不起的东西,也很有实用性——朝廷考举子,诗赋是其中之一。刘微之教授是喜欢写而不轻易公布诗作的那种人。如果他公布了,那就证明他自己很满意;如果他在课堂上对着学生吟咏,那就不仅满意,而且得意了。他得意的一首诗叫《咏鹭鸶》,诗中有这样一句:"渔人忽惊起,雪片逐风斜。"他吟诗吟到这一句,不觉停了脑袋摇晃,捋须而笑。所有的学生都用崇敬的目光望着他,觉得他不让陶潜,直追李杜。这时,有个学生要求发言。这学生身子长,脸也比较长,名唤苏轼。对苏轼,刘教授是知道的:历来肯用功,脑子也灵活。老师想:苏轼要称颂他的诗作了。一般学生只不过瞪着眼睛崇敬,而苏轼要发言,说出崇敬的理由——这就是苏轼的与众不同。

教授仍然捋须而笑。他已经预备了谦逊,去接受与众不同的称颂。而苏轼将这笑容凝固起来。他说:那个句子固然好,但不如改成"渔人忽惊起,雪片落蒹葭"。鹭鸶被渔人惊起,转眼又被风卷着,雪片一样落于蒹葭之上。这一起一落岂不美?再者,可爱的鹭鸶也有个归宿,不复可怜兮兮地"逐风斜"。

苏轼坐下了。课堂里窸窸窣窣。有人不以为然,有人小声嘀咕:好你个苏子瞻,竟然在大庭广众之下让老师"落尴尬"!

很难设想刘微之教授当时的表情。他大约笑不起来,有几分尴尬也在情理中。他细细一想,认为苏轼改得有道理,于是当众宣布将"逐风斜"改为"落蒹葭",并加上一句感叹:"吾非若师矣!"

此言一出,对苏轼不以为然者立刻转变态度,对他青眼有加。其时苏轼才十二三岁。

我个人并不认为苏轼改得好。"逐风斜"有一种凄婉的美,"落蒹葭"却是大团圆结局。小孩子喜欢大团圆,可以理解;大人们加以附和,则显得可疑。我疑心当时的情形并不像诠释者们一口咬定的那样,刘微之的那句"吾非若师矣"亦可作别解,是一句生气的话。

多情少年

苏轼长到十七八岁，一表人才。他是那种体形瘦削的男人，眼睛细长，鼻子直挺。他走路的姿势很像祖父，一阵风似的刮来刮去。他喜欢笑并且笑声富于感染力，不笑时则常常沉思。说话当然是眉山口音，只是书读多了，词汇丰富，土语就用得少了。我想象中的苏轼与戏台上常见的才子判然有别：面色红润，绝不面如傅粉；走路也不迈方步，除非他暗地里模仿先生；口不择言，高兴了就凭着性子乱说一气，你永远听不到他的娘娘腔。你不得不承认，此人的确不凡，年纪轻轻就魅力十足。

他的读书方法之一是抄书，班固的《汉书》他抄了三遍，几间房堆不下。难怪他的书法那么好。而他成功的法宝是"愉快读书法"。他嗜书如命。母亲引导他读《汉书》，父亲则刺激他读《战国策》的欲望：故意把这本书藏起来，弄得很神秘。苏轼翻箱倒柜、旮旮旯旯寻个遍，才捧得《战国策》在手，如饥似渴偷偷读，恨不得吞进肚子里去。

苏轼的史学素养极好。陈寅恪说："有宋一代，苏东坡最具史识。"史识是指洞察历史的能力，不是历史知识的堆砌。

苏轼除了读书，自然也会去干别的。眉山是个有山有水的地方，山不高，但足以构成风景。岷江从城边上流过，像一首抒情诗。百里之外，有峨眉山和乐山大佛。苏轼可能没登过峨眉山，乐山大佛却不止看过一回，那儿有他的读书台。清风明月，耳得之而为声，目遇之而成色。对苏轼这样的人来说，自然呈现的美感非寻常可比。对语言的敏感，说到底是对世界的敏感。前提是非功利；一旦功利，美感就消失了。换成海德格尔的话：一旦功利，世界就遮蔽了。中国历代杰出文人对自然的审美态度，在全球持续变暖的今天非常宝贵，谁忽视了这一点，谁就注定要倒霉。

苏轼的自家居所，"门前万竿竹，堂上四库书"，令人无比羡慕。今天的城市人，门前有一竿竹已属奢望。无论风吹还是雨打，竹子发出的声音都类似最好的音乐，沙沙沙响成一片，佳人般地弯下纤腰。竹子，是的，这个词本身就有一种绵长的诗意。苏轼生长于这样的环境，怎么能不羡山慕水？三月是踏青的时节，苏轼骑在马背上踏青，手上捧一册《诗经》《楚辞》或随便什么人的集子，字里行间就泛着青草的气息。眉山七里坝，青神瑞草桥……夕照，微风，小桥流水人家，且能远眺峨眉巅。骑牛读书，骑马喝酒，有时干脆醉眠芳草："可惜一溪风月，莫教踏碎琼瑶。"我很小的时候读苏轼的词，就心驰神往了。那时也弄不清，何词作于何时何地。

有一回苏轼出城七十里，在一处山崖上大书"连鳌山"三字，字大如屋宇，用什么写的不得而知，有人说是扫帚。字迹今犹存，行家评价：雄劲飞动。苏轼"幼而好书，老而不倦"，中国书法几千年，能与他比肩者，数人而已。"连鳌山"几个字是他的少年墨迹，欠火候是自然的。不过，崇敬他的人应当去看看。

苏轼善画。写字的那支笔也是画画的那支笔，所谓书画同源，至少有这层意思。他也试着下下围棋。他在声律方面好像不大在行，李清照说他填词"多不协律"。我想，这可能是受了苏老泉的影响，老子不喜声律，儿子便也不喜。但老子不填词，儿子是要填的。苏轼的词，除我自己喜欢，我知道别人也很喜欢，而这些人远远不止文人墨客。

苏轼小时候常跟老人在一起，"每逢蜀叟谈终日，便觉峨眉翠扫空"。蜀叟能够谈终日，至少表明苏轼爱听。老人是宝贝。老人有许多故事。老人是有着神秘感的，古代的老人尤其如此。

苏轼和普通小孩一样喜欢听老人讲故事。川西坝子沃野千里，生活故事层出不穷。特别是成都。眉山苏氏是个大家族，祖上那个苏味道，曾做过益州长史。长史仅次于知州。苏家与成都的渊源，起于这位显赫的苏味道。眉山小，成都大，儿时的苏轼向往成都是非常自然的。他听过不少有关成都的故事，其中印象最深的，是听一位九十岁的老尼姑讲她亲眼所见的蜀主孟昶与花蕊夫人。

老尼姓朱，当年在孟昶宫中仅十几岁。风流倜傥的孟昶和才貌双绝的花蕊夫人，夏日携手纳凉于摩诃池上。小尼姑正处于情窦初开的芳龄，虽然身在空门，却忍不住要窥探男女风流。何况她眼前的这对男女风流冠于五代十国：他们既是国主与宠姬，又是"花间词派"的助推人……月照摩诃池，纳凉之后孟昶和花蕊夫人进屋了。进屋做什么呢？当然是亲热、缠绵，不能辜负好时光。可是门窗虚掩着，绣帘半卷，小尼姑悄悄走过，怯生生投去一瞥，看见了床上的花蕊夫人，裙裾搁一旁，玉体斜着，线条起伏。头上钗也横了，鬓边发也乱了，俏脸通红胜过了芙蓉花蕊。小尼姑芳心乱跳，想走开脚步却挪不动，生了根似的。过了好一会儿，月亮升到头顶了，孟昶与花蕊夫人携手而出，漫步于中庭。孟昶口占一首词，小尼姑一字不漏地记下了……

时过七十多年，小尼早已变老尼，而她记忆中的那个夏季的夜晚却原封不动。她满脸皱纹，白发萧萧，牙齿半落，给苏轼讲故事，皱纹与皱纹之间红潮起伏。她背诵孟昶的词，婉转、生动，仿佛吐露她自己的心曲：七十年的空门回味啊！苏轼被她和她所讲述的故事深深地迷住了，若干年不能忘怀，想象着蜀主风流，憧憬着繁华成都。四十七岁在杭州做知州时，苏东坡挥笔写下著名的《洞仙歌·冰肌玉骨》，自序说："余七岁时，见眉州老尼，姓朱，忘其名，年九十余。自言尝随其师入蜀主孟昶宫中。一日，大热，蜀主与花蕊夫人夜纳凉摩诃池上，作一词，朱具能记之。今四十年，朱已死久矣，人无知此词者，但记其首两句。暇日寻味，岂洞仙歌令乎！乃为足之云。"全词如下：

冰肌玉骨，自清凉无汗。水殿风来暗香满。绣帘开、一点明月窥人，人未寝、欹枕钗横鬓乱。

起来携素手，庭户无声，时见疏星渡河汉。试问夜如何？夜已三更，金波淡、玉绳低转。但屈指西风几时来？又不道流年，暗中偷换。

这首词的开句寥寥几个字，传奇般的佳人便呼之欲出。中间一句耐人寻味。接下来笔锋一转，该抒情了："起来携素手，庭户无声，时见疏星渡河汉……"整首词弥漫的氛围同苏轼听故事时的感觉有关。几十年弹指一挥，挥不去孟昶的绝妙文字和花蕊夫人的优雅情态。

长到十七八岁的苏轼，夜里也有过一回类似邂逅的经历。他足不出户，而女孩子自动送上门来。据宋人笔记（参见《能改斋漫录》）描述，事情的原委是这样的：苏轼有挑灯夜读的习惯，当时读书是要读出声的。如果念的是韵文，听上去就像唱歌。苏轼嗓音不错，又长得像模像样，吸引邻家女郎真是不足为奇。苏轼夜夜读，女郎夜夜听。隔墙听着不过瘾，她索性爬到墙上。顺便提一句，她是个富家女，是娇宠惯了、凡事由着性子来的那种漂亮少女。她骑到墙上，听书也观人。苏轼读着读着摇晃起来，她也跟着摇晃。由于忘情,她摇晃得厉害,一个跟头栽下来也是可能的。时为深秋,梧桐的叶子掉了,一弯新月挂于疏桐之上。夜深人静了,苏轼抛书打哈欠,步入院中。有个人影在墙头,一晃就不见了。人耶?鬼耶?苏轼揉揉眼睛,依稀是个女子。如果是鬼的话,该是一个漂亮女鬼。苏轼细听动静,除了风吹竹叶,再无别的声音。大约是幻觉,读书读出女孩子的身影,倒是一桩稀奇事。他回房歇了。第二天此景重现,他就留了份心。

到第三天,那骑墙的女郎又觉得不过瘾了。她潜至南轩书窗下。不过她的任性也到此为止,并不敢敲窗入室。苏轼察觉了,开门出去。女郎一惊之下拔腿便走。苏轼站着未动,只"喂"了一声。他可无意惊吓她。女郎闻声扭头,两个人的视线终于相碰了。借着月光,苏轼认出是邻家的女儿。

对这位富家女,苏轼平素有无好感不得而知。他邀请她进屋,大约是真的:女郎一片痴情,总不能让人家老是待在墙上吧!二人谈些什么同样不得而知,这类细节问题做历史研究的学者们永远叹息。后来女郎又来过几次,她越墙而来又越墙而去,身影缥缈,富有诗意。可她终于不来了:她以身相许,"苏轼不纳"。苏轼为何不纳?因为他在儒家文化的氛围中长大,懂得"发乎情而止乎礼"。婚姻大事要由父母来做主。不过,苏轼安慰富家女说,等他功成名就之后,一定回眉山迎娶新娘。

新娘将是谁呢?

此后的夜晚苏轼照样读书,富家女开始咬芳唇约束自己,不复盛装去爬墙。她婷婷立在墙下倾听,抱着情思躺到床上编织梦想。苏轼十九岁在父母的安排下迎娶王弗,对她的打击十分沉重。她不死心,媒婆张罗的男人一概不见。十一年后,王弗以二十七岁芳龄去世,苏轼再娶王弗的堂妹王闰之。富家女绝望了,一病不起,郁郁而终。苏轼在远离家乡的黄州听到消息,既悲且叹,不能自已,于是写下著名的《卜算子·黄州定慧院寓居作》:

缺月挂疏桐,漏断人初静。谁见幽人独往来?缥缈孤鸿影。

惊起却回头,有恨无人省。拣尽寒枝不肯栖,寂寞沙洲冷。

苏轼的这首词和他后来悼念亡妻的那首《江城子·乙卯正月二十日夜记梦》一样有名。钟情于他的女子,去世了。惊起却回头,有恨无人省——月光下的那一幕,是永远地留在记忆中了,而苏轼复制记忆的高超方式,使那位早已化作尘土的无名女郎在一代又一代的中国人眼中妩媚而生动。

看来,苏轼除了读书、调皮、游冶、琴棋书画,也能细腻体验包括情事在内的许多事。这显然有利于身心的健康成长。而宋人笔记之真伪,倒不必过去追究。写人物掺入合理想象的成分,正史不免,比如伟大的《史记》。

奇人张方平，醉翁欧阳修

苏轼从七岁起就开始向往着成都，当时交通不方便，直到二十岁他才走进了梦幻般的成都：武侯祠凭吊诸葛亮、浣花溪追寻杜甫的遗迹、摩诃池故址勾画蜀主风流、望江楼眺望想象中的名伎薛涛……苏轼在成都盘桓多久没记载，但想来时间不会短。脚下这块魂牵梦萦的土地，却是他即将腾飞的跳板。

父亲苏洵早年游荡，不止一次到过成都。

这一次，是大人物张方平请苏洵去的。他带着两个不同凡响的儿子：苏轼、苏辙。

得说说南京人张方平。

张方平看书，过目不忘；张方平喝酒，百杯不醉；张方平遇事，临危不乱……宋仁宗至和元年（1054），西蜀盛传骚扰两广数年的壮族豪强侬智高即将率部攻入四川。益州知州慌了神，又是筑城墙，又是调兵遣将，仓促训练步骑兵、弓箭手，半夜三更杀声震天。成都如临大敌，而朝廷急抽陕西军迤逦入蜀，更是增添了战争的气氛。成都百姓乱作一团，抢购粮食，埋藏金银……

城外的人蜂拥而入，四面八方密密麻麻。当时的成都号称十万户，二十多万人，而大量难民涌进来，米价翻了几十倍。关于侬智高的传言一波又一波，全城"谈侬色变"，小儿不敢夜啼。这时候张方平上任了，他从陕西入蜀，沿途把朝廷派往成都的军队打发回去。进成都，下令停止筑城，遣散弓箭手，取消宵禁令，城门大开。张方平这么做是经过考虑的，他料定两千里外的侬智高部寇蜀的可能性非常小，再说，宋廷名将狄青还在围剿流寇呢！

不久便是元宵节，张方平带头观灯赏月，条条街道布置花灯，城门通宵不闭。成都人惊魂方定，渐渐恢复了往日的承平景象。满城自乱几十天，让张方平给稳定下来。他又奏请朝廷免了成都的大宗赋税。

张方平忙完了这件稳定大事，立刻着手寻找人才。蜀地向来藏龙卧虎，但"蜀人不好出仕"，必须把人才发掘出来。张方平早听说眉山有个处士叫苏洵，苏洵还有两个天才儿子。处士就是民间有才华的读书人。朝廷希望"野无遗贤"，寻求处士是地方长官的职责之一。当然，干这种事是因人而异的，有些官员热衷于此却是另有动机，比如趁机索贿、刮地皮，弄不来金银珠宝，也要弄他几堆土特产。

可是张方平是好官，好官不刮地皮，一味发掘人才。北宋好官不少，张方平只不过是其中一个。有些官员比他还好，比如鼎鼎大名的欧阳修。

三苏父子到成都是在骚乱平息之后的至和二年（1055）。

他们在成都享受了国士般的待遇，食有鱼，出有车，住高级驿站，欣赏歌舞丝竹，畅游摩诃池、望江楼、武侯祠、大慈寺、杜甫草堂……性格沉稳的苏辙兴奋了，在官厅口占一首五言诗："成都多游士，投谒密如栉。纷然众人中，顾我好颜色。"

成都多游士，多如过江之鲫。跳龙门的三条鲤鱼，却来自眉山的下西街。

张方平一看三苏的文章，一听三苏的谈吐，兴奋得连酒都忘了喝，拍案叫绝，手都拍痛了。尤其是苏轼，简直一代奇才！

成都当时游士多，和张方平求贤若渴的名声是有关系的。游士和处士不同，游士主动投谒，"朝叩富儿门，暮随肥马尘。残杯与冷炙，到处潜悲辛"（杜甫诗句）。处士则比较矜持，因为处士的肚子里往往有真学问。然而许多游士游了很久还是游士，三个从眉山来的乡巴佬"县老表"，倒成了万众争羡的国士……

既然是国士，搁在成都总不如到京都去发展吧？张方平为人才着想，为人才谋划未来，心很细的。而这些细节足以考量一个官员爱才究竟爱到了什么程度。把三苏推荐到汴梁，荐给谁好呢？张方平为这事颇费踌躇。最佳的人选是欧阳修。欧阳先生既是科举主试官，又是文坛领袖，可是……可是张方平与欧阳修有宿怨，不相往来十几年了。万一欧阳修不买账呢？张方平失面子事小，三苏失前程事大。犹豫再三之后，张方平还是提笔给欧阳修写了一封推荐信,正式向朝廷推荐三苏。直觉告诉他:欧阳修是一位胸怀宽广的大人物。另外,非常重要的是,他让苏轼、苏辙越过乡试,直接到汴梁参加礼部的进士考试。

这一天,苏老泉终于稳不起,他拿出一坛子从家乡带来的古村佳酿,跟张大人张伯乐同醉。苏子瞻酒量小,喝得东歪西倒。苏子由喝得脸上红霞飞。

老苏怀揣张方平的介绍信,三苏父子从成都启程了。

陆路出川,过李白的故乡绵州,逗留嘉陵江畔的阆中城,再登终南山,踏上褒斜谷曲折高悬的古栈道。古道西风瘦马,三匹眉山马登秦岭,走长安,累死于中途。老苏急性子,不大惜马匹,于是换成驴子继续前进。

旷野大雨忽倾盆,道路泥泞而漫长,前不着村后不挨店的。老苏将包裹紧紧地抱在怀里。介绍信和性命一样珍贵。家族的前途,系于进京的长途。

秦川八百里,司马迁誉为"天府之国"。

夜宿鸡毛小店,一灯如豆。苏轼一个人走出去,夜色稠啊,伸手不见五指。浓稠的黑夜似乎可以抓在手里。有时候月亮大如轮,"小时不识月,呼作白玉盘。又疑瑶台镜……"苏轼激动得在草地上打滚,无边草地宛如铺了一层轻纱。"举头望明月,低头思故乡",人在无边野地,把野性尝个饱。苏子由伫立于小店门前,等哥哥。如此情与景,真是画图难足。

春花烂漫时，三苏父子在路上。从眉山到汴梁走了两个多月，两千余里路，平均日行三十余里。有趣的地方就待几天，访古寻幽，探风俗，拜古刹，识异人，阅山川。惊奇造化之伟力，日复一日。苏东坡一生长足于道路，何止十万里。

隔山不同俗，过河不同音。道路的有限畅通维系了生活意蕴的无限生成。

古代诗人为什么写得好？美感在差异中蓬勃生长。太阳每天都是新太阳。

书卷激活了美感。漫漫长途几卷书，乃是双重的激活。

至和三年（1056）夏，三苏父子抵达京师汴梁，碰上连月大雨，蔡河决口，水漫京城。皇皇御街哪有传说中的车如流水马如龙？却见无数小船争流。

据考古，御街宽约五十丈，乃是古今全球第一街。朱雀大拱桥下，翻波涌浪。

汴梁一百五十万人口，远远超过盛唐时的长安。士、农、工、商俱兴旺，生活花样无限多。单是节庆日就有七十多个，从年头过到年尾，平均五天一个节庆日。酒楼三千家，"市食"五百多种。汴河两岸万家灯火。城，是几百年生长起来的城。著名的大相国寺可供万人交易。

乡野后生苏轼与汴梁有关系吗？有，他来了，他从西蜀小城来。关系牢靠吗？这可说不准。一人登科，十人落第。黄金榜可不是说着玩的，金榜题名远胜千两黄金。

苏轼在街上胡乱转悠。眉山后生看不够京师繁华，闻不够人间烟火。汴梁周长三百里，坊市相杂，三教九流熙熙攘攘。骑驴穿城过，要用一整天。租驴的店子随处可见，租金很便宜。那高高的状元楼、潘楼、矾楼、摘星楼，耸入云天。市声不绝于耳，轺车（轻便小马车）纷至沓来，名媛贵妇掀帘子打望。

人群中，苏子瞻一声长叹，赋诗云："惟有王城最堪隐，万人如海一身藏。"

年轻的苏轼把一身与万人放在一处打量。曹雪芹笔下的贾雨村狂吟明月："天上一轮才捧出，人间万姓仰头看。"苏轼不会这么张狂，但他出人头地的意志显而易见。

是的，一定要出人头地，否则卷铺盖回眉山，终老于小地方，"幽谷一叟耳"。

忽然，迎面驶来两乘高轩（豪华马车），丞相富弼和枢密大臣韩琦就在车上。气派啊，庄严啊，连车夫都生得相貌堂堂，马鞭子一甩，响彻四方。

刘邦在街头看见秦始皇浩浩荡荡的车队，叹曰："大丈夫当如此矣！"

苏东坡想到刘邦了吗？不清楚，有可能。他手抄八十万字的《汉书》，对那些风云人物了如指掌，尤其是刘邦、张良、韩信。

至和三年（1056）八月，苏轼考得举人，苏辙也过关了。不久，苏洵敲开了欧阳修的朱门。二子中了举，他才去敲门，可见其谨慎。欧阳修时任翰林侍读学士兼知贡院，科举考试的主考官。全国的考生住满了汴梁大大小小的旅舍，都巴望靠近欧阳门。皇城边的欧阳修门第，有八个卫兵持戟肃立。老苏递上名刺和介绍信，门开了。他身后的众考生和家长们羡慕得紧。

果然不出张方平所料，欧阳修对三苏的器重甚至超过了他，朝野长期传为佳话。

欧阳修是何等人物？北宋数一数二的名臣，百科全书式的大学问家，又能醉心于日常生活。欧阳修一双病眼，为国家挑选人才。唐宋八大家有五个出自欧阳门下。欧阳修是韩愈的宋代传人，论学问和生活情趣，犹在韩昌黎之上。

张方平的推荐信，欧阳修一定要看。为什么？张与欧阳由于政见不同，早已不往来。张主动写信，欧阳感动了，从此二人冰释前嫌。

欧阳修的一双耳朵白得奇怪，又"唇不包齿"，眼睛高度近视。唇不包齿，蜀人戏称地包天。但是这个人太优秀了，内在的修养散发到五官，庶几叫作丑乖。个头不高，却可称伟岸。耳朵白，辨识度高。欧阳修晚年自号六一居士：酒一壶，琴一张，棋一局，集古一千卷，藏书一万卷，复以一老翁优游于五者之间，是谓六一。他是文人书法的开创者，他的小词别有韵致，"日日花前常病酒，不辞镜里朱颜瘦"。又有《六一诗话》传世。

嘉祐二年（1057），欧阳修变科举。这是历史上的大事件。赵宋立国近百年，欧阳修大手一挥，扫尽浮靡文风，奠定文以载道的基础。没有欧阳修，哪有唐宋八大家之六席？哪有成千上万的新进士奔赴全国三百多个州、军？

北宋士大夫名臣如云，好官良吏星罗棋布，远远超过盛唐。

嘉祐二年（1057）乃是中国传统文化的关键年。

嘉祐二年（1057）春，欧阳修率领几位副考官"锁院"五十天。这是国家机密。黑压压的考生裹饭携饼，"待晓东华门外"。全副武装的禁军，维持三年一考的科举秩序。皇帝高度关注，百姓茶余饭后只谈科举。欧阳修上达天听，他的主张就是仁宗皇帝的主张。各地考生们早有三猜：一猜主考官是谁；二猜主考官提倡的文风；三猜传说中的录取大改变。

老苏自抚雷琴，大苏小苏用功如常。他们住在城南的兴国寺，有菜园子和古槐树，苏轼赞曰："颇便野性也。"乡野青年读书破万卷，文章风格已经形成，猜也没用。眉山苏轼自信心满满。为什么？他闻到了朝廷变科举的气息。再说，文章不合时宜，就只能等三年以后了。

考试采取糊名制，以防考官考生作弊。论文的题目叫《刑赏忠厚之至论》，苏轼谨慎，三次起草。副考官梅尧臣，把这份誊写后的卷子呈送主考官，欧阳修看了头一行就坐不住了，走来走去，读了又读。毫无疑问，这篇文章应该列于榜首。欧阳修拿起了千钧重的鼠须笔,却又犯踌躇:这文字像是出自曾巩之手。曾巩是他门下弟子,录为第一,恐怕要招来闲话。

欧阳修一声轻叹,录为第二。

再考春秋对议,苏轼得第一。

礼部放榜,苏辙也上榜了。苏老泉睡到半夜总要笑醒。

三月,仁宗皇帝亲自在崇政殿举行殿试。按以前的旧例,殿试下来,三取一或二取一。可是这一年,三百八十八名参加殿试的考生全部录取!这是天子向天下学子发出的信号。

谁向天子建议的?知贡举欧阳修,出生于绵州(今四川绵阳)的欧阳修。

苏老泉痛饮剑南烧春,念叨欧阳修,不知千百遍。岂知欧阳修正在家中疾走,鼓额头直冒汗,近视眼擦了又揩,揩了又擦。梅尧臣在书房。欧阳修的儿子欧阳奕在旁边侍候手帕。

欧阳修说了一段足以传万年的话:"读轼书,不觉汗出,快哉,快哉!老夫当避路此人,放他出一头地。"

轼书,指苏轼登科后按惯例写给几位考官的谢启。

欧阳奕惴惴问:"父亲,此人当真如此厉害?"

欧阳修指了指自己额头上不断冒出的汗。乍暖还寒天气,居然汗流不止。

欧阳修对儿子说:"三十年后,无人道着我也!"

欧阳奕又一惊,扭头去望梅二丈(梅尧臣身高九尺,人称梅二丈)。

梅二丈笑道："当初韩愈掌洛阳的国子监，冒雨走一百五十里泥巴路，专程拜访昌谷小县十七岁的李贺。今日欧阳公知贡举，看青年苏轼的文章出汗，赞不绝口。韩昌黎、欧阳永叔之佳话传百代何难？"

欧阳修掌额而叹："苏子瞻本该是状元啊！怪我，怪我！也罢，也罢！"

宋仁宗嘉祐二年三月，苏轼高中进士榜第二名，光耀眉山苏家门庭，也让欧阳修脸上增辉。可爱的醉翁，逢人就夸苏子瞻，带他拜谒韩琦、富弼，介绍他认识曾巩、王安石、司马光……当时一流的交游圈子，苏东坡闲步而入。草根一夜间置身于顶层，面色如常，心速不加快。这底气从何而来？底气端赖书卷，"粗缯大布裹生涯，腹有诗书气自华"。几千年来，人类的优秀分子都是这样。读书修炼乃是强大自身的最佳途径，再过一万年也复如是。

乡野青年苏轼正在用文化基因修正他的遗传基因。

京师衮衮诸公赞赏苏轼有孟轲之风。在宋代，孟子的地位极高。

弟子连月跟随师尊叩访名流，流连于名园、古刹。暮春好时光，近视眼带着苏榜眼，一日看尽汴梁花。杜甫说："老年花似雾中看。"诗圣、醉翁、坡仙，一生读书几万卷。

颜回感慨老师的名句："高山仰止，景行行止。望之在前，忽焉在后。"圣人的高度难以企及，因此会显得捉摸不定。

伟大的马克思曾经发问：一个哲学家和一个搬运工的距离究竟有多大？

苏东坡仰望师尊欧阳修，仰望不够。日常生活情趣，他也自叹弗如。

苏东坡尝言三不如人：弹琴不如人、酒量不如人、下围棋不如人。此三者恰好是六一居士所夸耀于人的。欧阳修的家门可称宋代第一师门。当然，他也有看走眼的时候，比如吕惠卿、章子厚。

年轻的苏轼在谢启《上梅直讲书》中写道："诚不自意，获在第二。既而闻之人，执事爱其文，以为有孟轲之风，而欧阳公亦以其能不为世俗之文也而取焉……人不可以苟富贵，亦不可以徒贫贱，有大贤焉而为其徒，则亦足恃矣！"

孟子是谁？富贵不能淫、威武不能屈者也。

梅尧臣说：苏轼归于欧阳门下，此乃天意。

那一年，眉山苏子瞻二十一岁。

欧阳修把苏轼引荐给几位朝廷大臣，其中有个范镇，也是蜀人，人称范蜀公。范镇犯颜直谏，有宋一代称第一。"宁鸣而死，不默而生"，这是宋朝头号名臣范仲淹的名言，范镇视为座右铭。

苏轼早就崇拜范仲淹，当年父亲讲范仲淹，学堂先生张道士大谈特谈"先天下之忧而忧,后天下之乐而乐"。当时苏子瞻八九岁,慕范公如慕天人。

范镇对苏轼说:"范公官至宰辅,家中找不到几件值钱的东西。范公在十几个地方做过官,包括荆楚蛮夷之地,这些地方俱称'范公过化之州'。"

苏轼喃喃道:"哦,过化之州。"

士大夫做什么?教化一方百姓。"富之,教之"。

孩提时代的向往是决定性的。苏轼无数次想象过范公风采。长大要做什么人?做人要做范仲淹。如今在京城,苏轼拜见过了许多名臣,独不见伟岸范公。

苏轼徐徐说:"范蜀公能否引见范公?"

范镇摇头:"范公仙逝已五年矣。"

苏轼一愣。他从小仰慕的天人却在九泉下,不觉潸然泪下。

苏轼这两行清泪很值得研究。眼泪是何物?眼泪是心境的表达。此后四十余年,苏东坡在他做官的每一个地方都巴心巴肝地为百姓谋利益。

两宋三百年,有良知的士大夫无不仰慕范仲淹。

苏东坡活动在历史氛围中。在他的前面,名臣良吏数不完。

《容斋随笔》记载:"东坡《送章子平序》,以谓仁宗一朝十有三榜,数其上之三人,凡三十有九,其不至于公卿者,五人而已。盖为士者知其身必达,故自爱重而不肯为非,天下公望亦以鼎贵期之,故相与爱惜成就,以待其用。"

这段话很重要。它道出宋代优秀士大夫的普遍心声。

仁宗朝三年放一次进士榜，放榜十三次，名列前三的三十九个人，只有五个人未能跻身公卿。士农工商乃是延续千年的价值排序。一朝为士，知其身必达，故自爱自重，不肯乱来。这是理解宋代士大夫的一把钥匙，一段点睛文字。

苏轼说："敢以微躯，自今为许国之始。"

自今日起，这一百多斤就交给国家了。如此豪言壮语，却是信手落笔。

一切心声的表达都不是故作豪壮。故作豪壮者，其言多伪。

四月八日这天，苏轼在兴国寺的菜园子散步。洛阳牡丹汴梁开，一株牡丹花开得正艳。苏轼注视牡丹，想到了母亲。程夫人原本是一朵富贵花。程家是眉山首富，"门前万竿竹，堂上四库书"。苏轼爱竹、咏竹、画竹，亦因程夫人而起。眉山苏家五亩园有一株程夫人亲手栽的牡丹花，众人赞赏鲜艳时，程夫人独不语。而院落清静了，苏轼看见母亲一个人轻抚牡丹，良久不舍。花独开，人独立。五亩园子悄悄地。少年苏轼注意到这个场景，似懂非懂。如今在汴梁，苏轼想：母亲对花无语，自伤身世吗？

母亲的少女时代多么美丽，堪比洛阳牡丹花。邻居都这么说。自从母亲嫁到苏家，嫁到苏家……

屈指算来，离家四百多天了。苏轼梦见母亲面容憔悴，满头白发在风中飘。

"白发三千丈,缘愁似个长。"

菜园子起了一阵风,牡丹花失颜色,花瓣飘零。苏轼忽然一阵心痛。

牡丹花开未几日,风也不大,为何它突然凋谢?无端心痛,是何征兆?

夏末眉山传来噩耗:四月八日,程夫人已病逝于老家纱縠行。

苏轼"扑通"一声向西跪下,伏地叩头,号啕大哭。

三苏父子踉踉跄跄奔丧千里。一路上,绵绵追思不尽。苏洵是否有反思?程夫人的处境与他是有关系的。他早年的"游荡不学",他中年的火暴脾气,他处理苏、程两家关系的粗暴行为,他骨子里的男尊女卑意识。

"归来空堂,哭不见人",仅一年多,眉山老家已是墙倾屋坏,园子一片萧条。任采莲独自垂泪,带着哭腔说:"夫人她苦啊,她一肚子的苦水向哪个倒过?"

苏家两个儿媳妇,王弗和史氏,总是眼泪汪汪。她们亲身经历过的事情太多太多,辛酸事憋在心里。

眉州的州官、县官俱茫然:是去苏家贺喜呢,还是去哭灵?

翰林学士欧阳修撰写了《程夫人墓志铭》。

苏东坡撕心裂肺的哭声,唤不醒苦命的母亲。左邻右舍无不泣下。

程夫人葬于眉山城东十余里,今日谓之苏坟山,千亩松林,千年来松涛阵阵，向这位伟大的母亲致敬。

按古制，苏氏兄弟居丧二十七个月。

丁忧古制是孔子定下的，唐宋六百年严格遵循，皇帝也要丁忧三个月。

活着，就是怀念着，点点滴滴追忆母亲的生前。当年不懂事，不知生计之艰难，如今渐渐活明白了，亲爱的母亲却在阴间。子欲养而亲不在，子哭而母不闻。

阴阳永相隔，这是人类永恒的绝望。

嘉祐三年（1058），苏轼以在籍进士的身份，上书龙图阁学士、益州知州王素。翰林学士当中，以龙图阁学士为最。王素是一代名相王旦的儿子。苏轼上书云："蜀人劳苦筋骨，奉事政府，但犹不免于刑罚。有田者不敢望以为饱，有财者不敢望以为富，惴惴焉恐死之无所。"

蜀中赋税重。苏轼请求王素减少赋税，上书未果，他骑马到成都拜见知州大人。一番交谈之后，王素叹曰："子瞻不愧是欧阳公的高足，尚未踏上仕途，先已为民请命。"

王素减轻了盐、茶、酒、绢等基本生活物资的赋税。地方大员有此权限。

年轻的苏轼走马成都，数以百万计的蜀人受其惠。他拜别王素，单骑回眉山。官道两旁，一望无际的油菜花。川西坝子沃野千里啊！"岷山之阳土如腴，江水清滑多鲤鱼"，这是苏老泉的诗句。从成都到眉山百余里，要过三道河。苏轼下马，小饮于乡野酒肆，三杯薄酒下肚，人已晕晕乎乎。春阳照着他的红面孔。油菜花金黄，麦苗儿青青，古村落依傍岷江。"暧暧远人村，依依墟里烟"，这是田园诗祖陶渊明的句子。年轻的苏轼心里有一种说不出的高兴。

美政与诗情都在涌动。

丁忧期间，苏轼几次陪妻子王弗回她的娘家。王弗是青神县乡贡进士王方的女儿，生得高挑而端丽，人称玻璃江畔、瑞草桥边的一朵花。平时"敏而静"，丈夫读书时，她在旁边凝神听，一听三年。她是苏家很用心的一位俏媳妇，只是身子有些弱。她默默努力，不让丈夫知道她在背地里用功。下厨房，进书房，上厅堂。王弗的为人跟程夫人颇相似。书香人家，脂粉也飘香，"小轩窗，正梳妆"。冬，苏轼写五十篇策论，拿毛笔的手生了冻疮，王弗侍墨砚，一排玉齿轻咬夫君的冻疮，一双丽眼却看夫君的文章……

苏榜眼轰动了京师，自然也轰动了小小的青神县。王弗回娘家，别提多风光，县令来拜访，乡绅具酒浆。父亲杀鸡又宰羊，翁婿划拳吃米酒，看上去就像兄弟俩。青神的姑娘们相约来看苏榜眼。有个小姑娘叫王闰之，是王弗的堂妹，她扑闪着大眼睛，总觉得姐夫的头顶上有金光。

春光，春光！苏轼夫妻和一群青神男女，踏青瑞草桥，戏水玻璃江，远眺西岭雪山，近看二三浣女，"含羞笑相语"。艳阳下的王弗比春花还娇艳，剥着南瓜子，吃着芝麻糖，浑身喜洋洋。此间，王弗终于有了身孕。

青神县待嫁的姑娘们有个约定：年年春三月，要来瑞草桥。嫁得郎君似子瞻，不愁花好与月圆。大约九十年后，陆放翁骑驴拜谒瑞草桥，写诗云："瑞草桥边水乱流，青衣渡口山如画。"诗、琴、剑三绝的陆游独自缓行细雨中，沿着哗哗江水，走六十里沙路抵达眉山古城，脑子里满是东坡先生当年模样。

嘉祐四年（1059）秋，三苏父子携家带口赴汴梁，走水路，一千六百八十余里。眉山东门外水码头，那五棵浓荫百丈的神仙树下，聚集着前来送行的亲友。苏家五亩园，委托杨济甫料理。三苏父子租了一艘坚固的商船，费银子数百两。

别了，美丽的家乡。苏洵怅然道："古人居之富者众，我独厌倦思移居。"

坚船顺岷江而下，蜿蜒百余里到达嘉州（今四川乐山），在三江汇合处，仰望高高的唐朝弥勒佛。苏轼叹曰："故乡飘已远，往意浩无边。……奔腾过佛脚，旷荡造平川。"

苏轼二十三岁，写五言诗有些味道了。此前，他花费的功夫主要在写策论。从眉山乘舟而南，"沿途阅县三十六"，顺流而下六十天。

途中，三苏父子得诗赋一百篇，编为《南行集》。苏轼小序云："自少闻家君之论文，以为古之圣人有所不能自已而作者，故轼与弟辙为文至多,而未尝敢有作文之意。"

苏轼的文章写得那么好了,尚不敢有作文之意。"文章千古事",下笔慎之又慎。三代圣人,述而不作。《道德经》五千字,《论语》一万多字,《庄子》六万余字。华夏族之顶级智慧,薄薄几本书而已。

苏轼南行诗云:"游人出三峡,楚地尽平川。北客随南贾,吴樯间蜀船。"

三苏父子弃船换车马,过境荆州,赴南阳,再拜诸葛丞相遗迹,著名的南阳诸葛庐在城东二十里。华夏德与智的巅峰人物,唐宋士大夫景仰焉。"丞相祠堂何处寻?锦官城外柏森森",苏轼拜谒诸葛亮,从成都拜到荆州南阳,由此可见他的美政冲动。拜屈原亦如是。"美政"一词,源头在屈原。

嘉祐五年(1060)二月十五日,三苏抵京。

吏部任命,苏轼与苏辙皆为县主簿,类似办公室主任,二人均辞不受。宋代官吏拒绝任命是常事,小到县吏,大到宰辅。

次年,苏轼兄弟参加制科考试,相当于"皇帝特招"。这种考试不定期,十年或八年考一次。考生要由名臣举荐,考卷要给皇帝亲阅。欧阳修举荐进士苏轼参加制科殿试,一时士林翘首,百姓争传。苏辙由知谏院杨乐道举荐。

苏轼形容这种最高级别的考试:"特于万人之中,求其百全之美。"

来自全国各地的进士考生入住豪华馆驿，挑灯复习功课。临大考的苏轼是何状态？他在马行桥逛夜市，尝小吃，翻旧书，鉴赏古玩。后来有诗云："马行灯火记当年。"他闲步夜市优哉游哉，苏老泉却在家里急得团团转。原来，苏子由拉肚子，发高烧，大考之前躺下了！

小苏发高烧，老苏很心焦。各地来京的进士考生们听到消息，纷纷额手称庆：小苏狂拉肚子考不了，大苏六神无主考不好！苏洵仰天长叹：这就是命！然而，考生们高兴得太早了。正午时分，传来宰相韩琦的命令：由于苏子由生病，制科考试延期！

赵宋立国百年，这种事绝无仅有。

万众瞩目的制科考试在延期十五天后举行。苏轼在皇帝的御座前写下五千字的文章，又直接面试，对答如流。老皇帝显然被这个英气逼人的年轻人给吸引住了，看文章，观书法，听他滔滔不绝，虽然他批评朝政的尖锐言辞实在不好听。比如，他指责后宫花销太大，而仁宗本人勤政不足。言下之意，此时的宋仁宗有点像晚年的唐玄宗。

苏轼初见皇帝，非但不怯场，反而壮怀激烈。这说明三点：

一是苏轼的天生气魄。二是苏轼的忠心耿耿。三是开明的政治风气。

担任主考官的司马光看苏轼的论文一看三叹：奇才，奇才，奇才！

仁宗皇帝朱笔一挥，录为三等甲。

一百多年来，制科殿试一、二等皆虚设。有一个叫吴育的人考过三等乙，而苏轼为三等甲，稳居百年第一。士林沸腾，朝廷百官索要苏轼的文章甚急。苏辙入了四等。

仁宗皇帝对曹皇后说："朕为子孙后代，得了两个清平宰相。"又传旨嘉奖："天下好学之士多出眉山！"

欧阳修设宴于状元楼为二苏庆贺，京师名流云集。

这两兄弟的风光可想而知了。他们的文章风格成了考生的典范。京城民谣说："苏文熟，吃羊肉；苏文生，吃菜羹！"

二十多岁的苏轼"名震京师"，却也不是人人都为他叫好。一人出头万人鼓掌，那根本不可能。

尤其值得注意的是，王安石不喜欢苏轼带有策士气息的文风。他公开对人讲："如果我是考官，我就不取他。"王安石时任翰林学士知制诰，负责为皇帝起草诏令。朝廷对苏辙的任命书他不肯写，事情便耽搁下来，无限延期。北宋这个现象也是颇为奇特。

著名历史学家余英时先生有巨著《朱熹的历史世界：宋代士大夫政治文化的研究》，读者若有深入了解的兴趣，不妨参考。

苏轼出任陕西凤翔府（今陕西宝鸡凤翔区）签判，宋代官制，府高于州。签判一职相当于知府的副手，拥有与知府共同签署文件的权力。而一般进士要从县尉、主簿之类的小官做起。

苏子由送哥哥到郑州,又从郑州送出城二十余里。一辆车,几匹马,车内是王弗母子与侍婢。时在嘉祐六年(1061)冬十一月,中原寒冷的早晨。苏洵和任采莲留在汴梁。凤翔远离汴梁一千多里。父子、兄弟一别,再见面遥遥无期。子由从小跟着哥哥学,跟着哥哥玩,未曾一日分离。他又不如哥哥健壮,高而瘦,平时少言寡语。兄弟二人,一豪壮,一内敛。沉默的苏辙骑一匹瘦马,衣裳单薄,在深秋的风中缓进。后来下雪了,白的雪和黄的土地,给苏轼留下了很深的印象。

> 人生到处知何似?应似飞鸿踏雪泥。
> 泥上偶然留指爪,鸿飞那复计东西。
> 老僧已死成新塔,坏壁无由见旧题。
> 往日崎岖还记否,路长人困蹇驴嘶。

苏轼早期的诗作中,《和子由渑池怀旧》可能是最好的一首,漂泊在外的人读着它会生出相似的感慨。

初仕凤翔

京城的名人下基层初做官,却跟主要领导闹起了别扭。

凤翔府的知州陈公弼,字希亮,眉州青神县人氏,曾经与苏序老爷子有过交往,自视为苏洵的父执。他原是军人,立过边功。按常理,应该照顾初仕凤翔的苏轼才是,可他对苏轼严格得不近情理。他个子小,眼睛有点斜视,训斥部属嗓门大,动不动就暴跳如雷,部下都怕他。苏轼在自己的职权范围内做了几件事,受到小民称颂;衙门里他人缘好,同事们亲切地称他"苏贤良"。然而陈希亮发布命令:谁也不许叫苏轼为苏贤良。二十七岁的苏轼为此很不高兴:皇帝都对他客气呢,这怪老头却压制他,横挑鼻子竖挑眼,生怕他的才干盖过知州的政绩。有小吏偷偷叫他苏贤良,那陈希亮眼力不济,耳朵倒灵,抓过小吏用鞭子猛抽。苏轼宅心仁厚,听小吏声声惨叫,忍无可忍了,要夺知州的鞭子,被人拉开。

陈知州对苏轼说:"你敢对上司不敬,我就抽你!"

苏轼郁闷了好久,想念弟弟子由了,写诗说:"忆弟泪如云不散，望乡心与雁南飞。"

中秋节他不去知府厅参加例行宴席，被罚铜八斤。古代的钱分金、银、铜，八斤铜不是小数目。苏轼知道这处罚的规矩，可他就是不去。罚金由王弗带人送到府衙。她回家，软语劝苏轼。据她观察，老知州也是一位好人，凤翔十个县，治理得井井有条。王弗猜测，老知州也许是故意对他严厉呢！

苏轼听不进去。在凤翔，他始终和陈希亮拧着。

王弗这样的好妻子，深知应用什么方式劝丈夫，她以温柔的慧眼看人看事，尽量弥补丈夫的性格缺陷。事后证明，她对老知州的猜测是正确的。陈希亮为官几十年，对训练年轻人才有一套行之有效的方法。他的确性子倔，两年中从未向苏轼做过任何解释。后来，他因收受其他地方送来的好酒而下狱，一世清名毁于几个酒坛子，气死在狱中。而苏轼已经有了不少官场体验，慢慢回忆老知州，明白了王弗的那些话语，怅然写道："轼官于凤翔，实从公二年。方是时，年少气盛，愚不更事，屡与公争议，至形于颜色……"

苏轼对王弗的怀念也如此：王弗走了整整十年，他才细细咀嚼妻子在生活中的点点滴滴，写下《江城子·乙卯正月二十日夜记梦》这样感人肺腑的作品。

人生多少事，事后方知原委，却要么事过境迁，要么物在人亡。"此情可待成追忆，只是当时已惘然"。

苏轼在凤翔待了三年,作为副手,他并无显赫政绩,公务也说不上繁忙,有的是时间到各地走动,既是体察民情,又可以叫游山玩水。古人对天地山水,对历史人文,有极大的虔诚和浓厚的兴趣,完全不同于现代意义上浮光掠影似的旅游。

凤翔境内有终南山脉,山中多庙宇,寻僧访道是苏轼的一大乐趣。有一座开元寺,寺中多佛教题材的古画,苏轼往往匹马而入,一看就是一整天,日落时分方策马而回。他一个人在山林中穿行,身影在草木之间时隐时现。他沉浸于古画,王维的画、吴道子的画,让他不禁浮想万端,由古画及于人事,由人事及于自然。圆圆的落日照着他的长脸,也照着他云去风来般的沉思。这种形象,单论外形已令人感动,更何况我们还试着进入他的内心。

凤翔天灾严重,要么洪水滔滔,要么久旱不雨。苏轼到凤翔的第二年,两个月不见一滴雨,地里的庄稼眼看枯死。心焦的不只是农夫,天灾关系到所有人。苏轼率众祈雨,每日望着大晴天烧香叩拜。到三月,终于有了点雨水,人们小心翼翼地企盼着,不敢期望过高。好像习惯了无雨的天气,不再相信老天爷了。

暮春的雨,断断续续地下着。有一天夜里,忽然变大了,并且接连下了三天。凤翔人这才欢呼雀跃,额手称庆。

> 官吏相与庆于庭,商贾相与歌于市,农夫相与忭于野,忧者以喜,病者以愈,而吾亭适成。

这亭即喜雨亭。"亭以雨名，志喜也"，苏轼挥笔写下了著名的《喜雨亭记》。

从一开始，所谓仕途第一站，苏轼的眼睛就盯住民间，这使他不可能沉浸于亦官亦文的优哉游哉的生活。凤翔穷人多，衣不蔽体的流浪汉随处可见，他们为何穷呢？苏轼寻思着，看见地方的华屋美宅，不禁大发感慨：

> 当时夺民田，失业安敢哭？
> 谁家美园圃，籍没不容赎。
> 此亭破千家，郁郁城之麓。

凤翔城外有个李姓地主，其庄园的富丽堂皇，整个关中都少见。庄园的豪华是土地兼并的结果。北宋的地方豪强，搞土地兼并十分厉害。一遇灾年，有点土地的人也没法过活，只好打卖地的主意。而灾年频仍，实力雄厚的地主就大肆吞并。美轮美奂的庄园、巧夺天工的亭榭，到苏轼眼里却变了味，它是以千家的破败作为代价的。"朱门酒肉臭，路有冻死骨"，苏轼与杜甫，乃是一脉相承。

苏轼的这种"民间精神"非常宝贵，而且自始至终如此。我今天提笔写苏轼，很大程度上取决于对这种精神的敬意。才华是其次的东西。如果苏轼一到凤翔就同李姓地主打得火热，写帮闲文章，赞美地主的庄园闲适而优雅，讨来几锭银子、一顿酒饭，那么他的文字再好，也不过如同挖空心思赞美皇帝的司马相如之流。

苏轼到凤翔，盯上了李家花园，横竖看它不顺眼，于是发为文字。一首诗奈何不了大地主，却显示了一种立场，一种对中国知识分子来说不可或缺的立场。我想它在今天的意义，不言自明。作家当有大视野，大感觉，大疼痛。

苏轼到凤翔，除了同李家庄园过不去，还同知州大人闹别扭。前者富豪，后者权贵，二者苏轼都不买账。当时他二十七八岁。后来一直就这样，看人看事只凭良好的直觉，不计利害。这直觉从何而来？除了后天习得，我想也是天性使然。想想他的祖父苏序、父亲苏洵。先天固有的东西已是分量太足，而后天习得的种种又使它得到巩固。苏轼之为苏轼，盖在于此。

亦敌亦友

苏轼在凤翔交朋友,有好有坏。陈慥是他的好朋友,是美姬如云的酒徒、拔剑四顾的侠客。可是陈慥经常挨打,有时在大街上被打得抱头鼠窜。谁打剑客呢?是陈慥的父亲陈希亮。老知州有几个儿子,他认为小儿子陈慥最没有出息。老知州又是军人出身,鞭子不离手,动不动就挥向身背宝剑的陈慥。可怜一呼百应的陈大侠挨打似乎上了瘾:后来成家了,复被老婆柳氏追打。"忽闻河东狮子吼,拄杖落手心茫然",诗句出于苏轼,后来"河东狮"成了悍妇的代名词。

苏轼一见陈慥就乐得直笑:此人的反差可真大。不过,陈慥的内心特别重义气,是剑术拙劣的真侠客。

中国古代的游侠"义"字当头,武术的好坏并不重要。刺秦王的一代大侠荆轲剑术一般,有司马迁和陶渊明的描述为铁证。当代某些影视剧对古代侠士的再现是糊弄人的,是把侠义引向杀性,说白了就是引向打架。

苏轼一生中遇到的坏朋友并不多。有些人从结果来看是坏的，但初衷不坏，譬如王安石。有些人则总是抱着损人利己的目的，无论结果如何，这些人都是坏人。

苏轼在凤翔遇到了一个坏人，坏人名叫章惇，字子厚。若干年后，这个人害苏轼不浅。

坏人的特征，一是阴险；二是胆大。胆大才敢妄为，胆小只能动动坏心思，做点小动作，破坏性有限。胆子大的坏家伙杀人如草芥。章惇具备了坏家伙的先天"素质"，此时尚处于好坏之间。他有才华，文武双修，和苏轼为同科进士。

章惇任职于商州（今陕西商洛商州区），与苏轼任职的凤翔相邻。"二人相得甚欢，同游南山诸寺"，这是苏轼与章惇初见面时的情形。好人遇上坏人，有时也能一见如故，因为坏人种类繁多，有些坏人甚至能让人一见倾心。

章惇身上有某种吸引苏轼的东西。此人牛高马大、声如洪钟，一看就不像泛泛之辈。他是天不怕地不怕的，怕他的则不仅是人，连鬼都怕他。商州地面上，有一座老屋时常闹鬼，方圆百里无人不晓，没人敢在老屋留宿。章惇闻之冷笑。他偏偏要上山，昂扬入鬼屋住下，接连住了几个夜晚，"山魈不来作祟"：鬼在远处徘徊哩！鬼郁闷，不敢回鬼屋，大鬼小鬼皆成林中的流浪鬼……于是商州人奔走相告，说章惇不怕鬼，倒是鬼有几分怕章惇。

山魈不可怕，老虎同样不足惧。有一回，苏轼和章惇策马游山，碰上一只白额吊睛的大老虎。坐骑惊嘶，苏轼吓得冒冷汗，欲掉转马头。章惇说不怕，有我呢！他迎着猛虎就上。虎在几十步开外，奇怪地望着他，对他的举动有点吃不准。他跳下马来，虎还是不动，看他要怎的。他手中有个金灿灿的物什：那是一面铜锣。只见他把铜锣举起来，朝石头上一阵猛掼。锣声大作，老虎转身便逃……

章惇不怕鬼，不怕老虎，苏轼情不自禁地高看他，逢人便讲：商州令了不起哩，很有冒险精神……苏轼如此这般地描绘着，讲他的亲眼所见，凤翔的听众个个竖起了耳朵。有才的羡慕有胆的，所谓缺啥想啥。二人一度过从甚密，大抵是游山。苏轼欣赏山中景致，吟咏或是沉思。章惇则借山势进一步显示自己的胆量。

有个叫仙游潭的地方，一根独木桥通向绝壁万仞，凡人万万去不得。章惇推苏轼过潭，在绝壁上留下墨迹，苏轼连称不敢。谁敢呢？除非是神仙。苏轼这么说，章惇笑而不答。他是不说就能干的那种男人。只见他平步走过独木桥，用一根绳索系于树上，然后像猴子似的跳来跳去。不多时，石壁上留下了六个大字：章惇苏轼来游。他反身再过独木桥，仍是神色不变。

子瞻拊其背曰："子厚必能杀人。"

子厚曰："何也？"

子瞻曰："能自拼命者，能杀人也。"

子厚大笑。

章子厚不惧鬼与虎，堪称勇士；视生命如同儿戏，却是过分了。苏轼对于人性洞察幽微，看出这种人将来可能贻害无穷，但只是拍拍章惇的背。章惇哈哈大笑，仿佛受了莫大的夸奖。

苏轼可没想到，章惇日后要杀的，恰是他自己。

这是后话。

古人重交游，因为交游是一种历练，是"养浩然之气"的途径之一。比如，杜甫跟随李白游，从李白身上汲取了不少能量。苏轼与章惇游，看重章惇的胆魄。苏轼一生交游极其广泛，他之所以能成大器，和他善于多方借力有关。在陕西凤翔他快满三十岁了，已有足够的定力，章惇天不怕地不怕，魅惑了不少当地青年，却不足以吸附苏轼。

当然，苏轼的一腔正气，也未能影响具备邪恶可能性的章惇。

苏轼变废为宝，将章惇的邪气处理成豪气。他的词作被称为豪放派，其中也有章惇的一点贡献吗？

不过，豪放的苏轼，亦能柔情似水。

十年生死两茫茫

治平元年（1064），苏轼在凤翔任期满，朝廷召他返回汴梁，入判登闻鼓院。宋代官员的考核、升迁制度叫磨勘，取磨炼、勘察之意。文官磨勘三年，武官磨勘五年。

靠近年底了，凤翔连日雨夹雪，朔风千里，树木光秃秃的，全无一点绿色。秋收冬藏，而人要在大地上挪动。王弗偏又卧病，苏轼决定推迟行期。

苏轼写诗："忆弟泪如云不散，望乡心与雁南飞。"

兄弟不相见，屈指一千天。弟弟想哥哥更甚，他在京城一直闲着。父亲忙着编修礼书，身子骨也大不如前了。苏轼赶赴汴梁的愿望十分强烈，妻子一病，他改变了主意。

王弗十六岁嫁给苏轼，三年后得一子苏迈，其后再未生育。她身子弱，气血不足，也许在凤翔有过身孕，流产了。她一个弱女子，性格却像程夫人。她注视着自己的丈夫，想要施加某些影响。程夫人生前可能嘱咐过她。嫁苏轼十一年，她大约九年半和丈夫在一起。

苏轼不愿走，王弗催他上路。她硬撑着身子，大口吃饭，快步行走，往脸上涂胭脂，以示肤色红润。她说病已好了，可以动身了。她连日说了好几次。她一把抱起六岁多的儿子苏迈……于是，苏轼动身。一家子的车马未到长安，雨雪更大了，道路泥泞，望不到尽头。河水结了冰。刺骨的寒风吹进咿呀作响的车厢，王弗紧紧搂着儿子，为儿子挡风。

一行人夜宿华阴县。王弗整夜咳嗽。到汴梁宜秋门附近的南园，她又躺下了，有气无力的样子。苏轼请来大夫给她瞧病。将息了半个月，王弗渐渐气色转好，却又忙起来，收拾南园的这个家，种菜喂鸡，给儿子讲书本，为丈夫洗官衣，为公公跑药铺。苏轼到登闻鼓院上班，也是忙得两头见黑。回家饭菜香啊！苏轼听到妻子哼唱欢乐的家乡小曲。其实是哼给他听，叫他放心忙公务。

五月，王弗病倒。中旬，王弗明亮的丽眼永远闭上，一头青丝进了黑棺材。高挑而鲜艳的青神姑娘、温婉贤惠的妻子，未享几天福，却忽然西去，千呼万唤唤不醒。

棺木殡于寺庙，以后归葬故里。

王弗去世后不到一年，苏洵亡，享年五十九岁。

老处士苏老泉受欧阳修的赏识，得以不仕而官，为朝廷编礼书，格外勤奋。几年累下来，积劳成疾，终于不治。他兴奋，乃至亢奋，于是勤奋，抓住来之不易的机会，一展平生抱负，报欧阳公知遇之恩。他连年加油干，干到油枯灯灭。

苏洵偏爱战国的纵横家，对老庄的平和冲淡察之未详。立功立言之志过于强烈，不怕费周折，不顾病且衰，执意要干出一番名堂。这类强力意志，形成了古今太多人的生存盲点，苏洵是其中之一。

孔孟一生激烈，却是懂得"申申如也，夭夭如也"（通体舒展貌）。

孔子七十三岁，孟子八十四岁，寿同庄子，逊于墨子。老子一百多岁，那神仙般的飘逸身影，提醒着炎黄子孙这一点。

短短几年间，苏轼丧母，丧妻，丧父。他才三十岁，屡遭大变故。"双料状元"仿佛身在青云之上，忽然跌进痛苦的无底深渊。他诉诸文字的不多，士大夫讳言家中事，苦难中的内心历程远在史料之外。令人惊讶的倒是苏东坡承受痛苦的能力，后来亲友们逝去，他一次次大恸，永无休止地怀念。痛苦，怀念，追思绵绵，在古代和前现代乃是人的常态。

"十年生死两茫茫，不思量，自难忘"，苏轼知密州时，写下这首词，怀念妻子王弗，柔情万端，直抵永恒的无助与绝望。

苏洵既亡，士大夫吊唁者二百余人。宋英宗赐银一百两，绢一百匹，韩琦、欧阳修等大臣赠银数百两，苏东坡皆不受，他希望朝廷追赠先父为光禄寺丞，官六品。这是父亲的遗愿，又能恩荫于苏家的后代。朝廷批准了，拨一艘官船让苏氏兄弟扶棺归乡。走水路，逆流而行一千六百余里，历时三个多月。

船上两副黑漆棺材，幼小的孩子们作何感受？江水、太阳、星空，这些亘古不变之物与生命之短暂，形成强烈反差。苏轼奔丧、扶棺，未留下一首诗。对死亡的追问显然是儒学的短板，"未知生，焉知死？"先秦诸子的死亡追问被孔夫子遮蔽了。

江行百余日，苏轼每天面对父亲和爱妻的亡灵，他在想些什么呢？

人在何处？人在生与死之间。静静的黑夜里，黑棺材显得很大……

治平三年（1066），苏氏兄弟回到眉山丁父忧。

苏轼葬父亲和妻子于眉山城之东，今天的土地乡苏坟山。苏洵、程氏、王弗均葬于此，青山绕陵墓，万松伴英灵。苏轼丁忧近三年，手栽松苗三万棵。兄弟二人带着年幼的孩子常常待在那儿，躬身栽树培土，仰看蓝天白云。

我曾经多次拜谒苏坟山，那地方太美了。隐约似有气场弥漫于周遭。我起初以为是个人感受，问别人，竟有同感！

王弗墓前的清风如泣如诉，仿佛诉说着她的幽怨：她与苏轼，欢娱太少了。欢乐的时光总是过得太快，十年一晃而过。苏轼说过的，要和她生同衾死同穴，可他的陵墓远在河南郏县……

王弗频繁地走进苏轼的梦中，似乎要补上夫妻恩爱的好时光。苏轼细腻回应她，爱不够怜不够。又是一个十年，阴阳时向梦里缠绕，然而梦要醒，美满的梦境会突然中断。诗人深陷在无可奈何的情绪中。

熙宁八年（1075），知密州的苏轼写下《江城子·乙卯正月二十日夜记梦》：

> 十年生死两茫茫，不思量，自难忘。千里孤坟，无处话凄凉。纵使相逢应不识，尘满面，鬓如霜。
>
> 夜来幽梦忽还乡，小轩窗，正梳妆。相顾无言，惟有泪千行。料得年年肠断处，明月夜，短松冈。

阴阳隔天地，相爱至深的男女永无消息。这是人类永恒的绝望之一。想念亡人越深切，越能"触摸"到这种绝望。

苏轼对王弗的怀念，是不知不觉的、倏然而至的——这更接近怀念的本质。他事先并无计划，要在亡妻的十年忌为她写点什么。伟大的艺术作品好像都跟意志没关系。感觉是慢慢积聚，自发地寻找它们的喷发点：这个谜一般的漫长过程也许正是艺术吸引人的奥秘所在。诗人提纯了普通人的深切感受。《江城子》语句平实，对应日常生活的场景，七十个字，说尽无穷思念。浓郁的哀伤托出王弗凄婉而美丽的形象。汉语的表达能力真是令人一再惊奇。

而眼下有一种喧嚣：读图时代到来了！我不知道这是鼓吹进步还是提倡退化。我只知道，这首简短的悼亡之作，明显胜过那些类似题材的、哪怕是较为成功的影视剧。影视剧通常看过就忘了,而要忘记"十年生死两茫茫"这样的文字,可能需要用点力气。

苏轼这首《江城子》,自它问世至今,打动过多少人,没人统计过。肯定是天文数字。没有比这更哀婉的声音了。我想到一个"右派"的故事,不妨在这儿讲一讲。"右派"是成都人,当然是知识分子,由于乱说话,1957年被下放到眉山尚义公社,接受改造。此人姓陈,我的一个知青朋友徐文钦曾是他的邻居,尊称他老陈,常去借书或讨教书法、小提琴指法。老陈的妻子不是"右派",却随丈夫到了尚义公社某生产队,过着艰辛而屈辱的日子。她随时可以回成都,可她不走,她守着丈夫吃苦。这一守就是八年。八年之后她踏上了黄泉路,葬于异地他乡,轮到丈夫来守她了。年年忌日,老陈到她的坟前献一束花,念一遍"十年生死两茫茫",双泪长流……类似的故事肯定很多很多,九百多年来,苏轼的这首悼亡经典打动过无数的中国人,催泪如江河。

而读者掉下的眼泪,乃是人间最为深沉的眼泪,和那些煽情煽出来的液体不可同日而语。

煽情的特征是:让眼泪来去匆匆、莫名其妙,它本身拒绝深沉的感动。因为一旦深沉,情感持续的时间长,它就不好卖钱了。煽情的目的是:让你哭,是为了掏你的腰包。一切以煽情为职业者,都是人类情感的小偷,他们打着文化产业化的旗号,把感动从人的内心深处生生剥离,推向易于调动、易于变花样耍花招的浅表层。

国家亟待医国手

宋神宗熙宁二年（1069）秋，苏轼、苏辙服丧期满，再次离乡返京。友人在五亩园种下一棵荔枝树，等苏轼他年归乡一尝。苏轼终究没能尝到，我有幸，从小尝到大。及至20世纪80年代末，这棵九百岁高龄的荔枝树寿终，硕大的根干被涂油上蜡，继续存放在五亩园（今三苏祠）中。

苏轼继娶王弗的堂妹王闰之，宴尔新婚，"风船水枕"听波浪。婚礼是在眉山城西老家举行的，朴素而喜庆。乳娘任采莲同行，这位不识字的善良女人想必很快活，因为她的主人从不把她当外人看待。现在她伺候着两个小主人——苏轼和苏辙的儿子。

陆路千余里，照例玩着走。踏上古栈道，苏东坡照例沉思历史，飘忽的思绪紧跟着步伐。孩子们几乎是翻跟头翻过了剑门雄关……

一行十余人，走走停停，次年二月抵京师。吏部办手续，苏辙去新单位：制置三司条例司。这是一个全新的机构，专为一场风暴而设。风暴中央只立着一个人：王安石。

这意味着什么？不知道。而京城百万人皆翘首以待。苏轼敏锐地嗅到一股非同寻常的气息。他紧张地关注着的，不是个人的前途，乃是国家的命运。

苏轼要做个政治家，这是显而易见的。他和屈原、杜甫原属同一种类型，首先为天下苍生计，其次才是展示文学才华。"致君尧舜"，这是前提，然后才是"语不惊人死不休"。中国古代的文人，属这种类型的不少，不像近现代，文人渐渐变成了一种职业。

另一面，文人投身政治又是一种悖论，古人未必意识到这一点，因此才一再碰壁。今天的文人却是有了太多的体验，他们定位于边缘，既是不得已，又是一种自觉。

北宋王朝到苏轼所生活的年代已逾百年，承平日久。有个叫柳永的才子，曾这样描绘当时的城市景观："烟柳画桥，风帘翠幕，参差十万人家。云树绕堤沙，怒涛卷霜雪，天堑无涯。市列珠玑，户盈罗绮，竞豪奢。"柳永这是写杭州，许多别的城市也可作如是观。难怪当时冒出了一大批填词高手。诗言志，词为诗余，大抵表达闲情。仁宗朝前后的词人多是一副优哉游哉的形象，如张先、欧阳修、晏殊父子。像柳永这种仕途失意的浪荡子，满腹牢骚，尚且把城市描绘得这般入画，可见承平之类，不能说全是溢美之词。

然而承平也是表面现象。国家面临的问题很多，而最大的问题就来自朝廷"燕乐逾节，赐予过度""冗官耗于上，冗兵耗于下"。中央财政拮据，又要维持繁荣，地方官就大刮地皮，百姓不堪重负。农民揭竿而起的，前有王小波、李顺，后有宋江、方腊。除开这两次大起义，还有各地的小动乱，苏轼后来为官各地，就曾多次缉拿"谋反妖贼"。

民乱缘自官乱，这个历时百年的朝代，可谓腐败丛生。首先官制就是大问题，往往一官而有三人：居官的一人，去官的一人，待官的一人。官多职少，所以在位时要抓紧刮地皮，作为"闲居仰给之资"。去官的老家伙不时回头瞧，待官的年轻人拼命往前挤，如此景况，吏治就难免一塌糊涂了。当时是贿赂成风："凡贿赂先至者，朝请而夕得；徒手而来者，终年而不获。……举天下一毫之事，非金钱无以行之。"

国内问题成堆，边患又雪上加霜。柳永的一句"有三秋桂子，十里荷花"，就惹得金主完颜亮要挥师南下。宋朝自真宗皇帝以来，对契丹和西夏的侵扰搞消极防御，动不动就进献财物，以求得边境的安宁，几十年渐成惯例，加重了宋王朝的财政危机。王安石在《上仁宗皇帝言事书》中说：

> 顾内则不能无以社稷为忧，外则不能无惧于夷狄。天下之财力日以困穷，而风俗日以衰坏。四方有志之士，諰諰然常恐天下之久不安。

苏轼于服丧期间写了大量政论文章，思考很深入。他在《策略一》中打了个比喻,说朝廷像个病人,问他哪里有病,他自己也说不出。"其言语、饮食、起居、动作,固无以异于常人,此庸医之所以为无足忧,而扁鹊、仓公之所望而惊也"。

国家像个病人,那么谁是医国手呢?

牛形人王安石，斗牛士苏子瞻

王安石做了医国手。

王安石字介甫，宋人笔记称："安石，牛形人也，故敢为天下先。"王介甫晚年封荆国公，朝野尊称他为荆公。这是北宋的一个奇人，大苏轼十五岁。苏轼签判于凤翔时，他已经做到翰林学士兼地方长官。他基层经验丰富，一心想把基层的成功经验推广到全国去。北宋三百二十州，王安石熟悉的几个州，条件都不错，比如江宁（今江苏南京），历来是江南富庶之地。而由于荆公本人廉洁自律，吏治也颇见成效。

王安石善于等机会，更善于制造机会。凡为政治家，这是必备的素质。宋仁宗屡次召他进京，他拒绝，有一次躲圣旨竟然躲进了厕所。他的眼光很厉害，和李白有一比，虽然两个奇人的锐眼分别射向不同的领域。仁宗老皇帝，王安石对他了如指掌。范仲淹、欧阳修等人发起的著名的"庆历新政"，不到一年就收场了。这说明什么呢？说明仁宗老了，不想对国家动大手术。仁宗后的英宗身体不好，意志力上不来，曹太后权同听政。英宗在位三年,王安石"按兵不动"。他辞官,越辞声望越大。治平四年(1067),英宗从政治舞台上消失了。

神宗继位,改元熙宁。这个好学的年轻人身强体壮,意志力远胜于诸皇子,并且越过前朝,直追宋太祖赵匡胤。

王安石要等待的,就是这样的皇帝。

熙宁元年(1068)四月,王安石应召坐船入汴河,水路进京。时在凌晨,雄鸡未唱天未白,汴河两岸的早市已是开门营业的时光,鳞次栉比的店铺纷纷打开,灯火一望三十里,水中岸上相映红。要过一个时辰,天边才起鱼肚白。彼时,汴河的河市、早市何止十万人交易。

如此盛景,全球唯一。

黄衣太监早已在岸边列队迎大驾,宦官拱手笑迎王安石:"先生眠否?"

王安石笑问:"圣意如何?"

宦官忙道:"天子欲便殿召对,与先生共商国是。"

于是,高轩沿着御街长驱进皇宫。王安石面带微笑看汴梁,阔别几年啦,今日回京,安石已非昨日之安石。在西太一宫,王安石却命停车,命笔墨伺候,他在宫观的墙上留下一首六言诗:"三十年前此地,父兄持我东西。今日重来白首,欲寻陈迹都迷。"

后来苏东坡叹曰:"此老野狐精也。"

天子在便殿等候已久,臣子却在宫观写诗。

太监们的议论声恰似秋天的蚊子叫："王介甫真牛啊，牛、牛、牛！"

便殿通常是小殿，皇帝召见一个或几个大臣的地方。对，指臣子的对答。

皇帝赐座，王安石掀袍坐下。君臣相念久，终于面对面了。王安石的官袍上似乎有动静，而宋神宗视若无睹。国家的百年大计，只在王安石的三寸不烂之舌，区区小虱子岂能扰乱圣听？

神宗问："治国以何者为先？"

安石答："择术为先。"

神宗问："唐太宗何如？"

安石答："陛下当法尧舜，何以太宗为哉！"

神宗动容："愿闻其详！"

安石挥一挥瘦而有力的手："尧舜之道，至简而不烦，至要而不迂，至易而不难。但末世学者不能通知，以为高不可及尔。"

神宗不禁离开龙椅，趋前曰："卿再言之！"

金陵王安石捋须而谈："陛下倒不必急在一时，今以天下之大，人民之众，百年承平，学者不为不多。然常患无人可以助治者，以陛下择术未明，推诚未至，虽有贤人，亦将为小人所蔽，卷怀而去尔。"

王安石的两条长胳膊在空中交叉挥舞，他忽然向殿门走去，皇帝急忙唤他追他，担心这位贤人"卷怀而去"。

王安石笑了，他知道风势已成，当晚上《本朝百年无事札子》。这是他写给皇帝的第二篇大文章，先前写给宋仁宗，石沉大海；现在写给宋神宗，石破天惊。

《本朝百年无事札子》在历数了赵宋王朝的种种弊端之后，总结了十六个字——"天下无事，过于百年。虽曰人事，亦天助也"。

从宋太祖到宋神宗，六朝君臣的共同努力，百年太平日子，固然有人事之功，却主要靠老天爷的帮助。高人的惊天高论。除了王安石，谁敢对天子如此说话？王安石洞察了青年皇帝急于求治的心思，挥大笔震动天听："伏惟陛下躬上圣之质，承无穷之绪，知天助之不可常恃，知人事之不可怠终，则大有为之时，正在今日！"

宋神宗将如何大作为呢？王安石的一些句子，有如火焰般腾起：

"变风俗，立法度。"

"当务之急，理财为先。"

神宗龙眼放光。

熙宁二年，荆公变法席卷全国，其规模与力度皆远过"庆历新政"。

所谓历史奇人，一定目光长远，能看到几十年。如果他看清了、看准了，整个国家几代人都会受惠于他。反之，则麻烦大了。荆公变法的是与非，这一千年来争论不休。

王安石是大题目，是古代大文人中直接影响历史走向的人物，是政坛奇人、生活中的怪人。关于他，我在《品中国文人》中有详细叙述。

苏轼同样主张变革，他曾对宋仁宗说："天下有治平之名，而无治平之实。"他形容国家像个病人，而且这病人几乎患上了绝症。

苏轼说出了有良知的士大夫的普遍隐忧。

宋朝立国百年，表面上维持着繁荣，其实危机四伏。唐帝国盛极而衰，北宋士大夫对此高度警惕。然而日趋庞大的官僚阶层糜烂成习，消耗着国家财政，吞吃着庶民血汗；又养着近百万只能维护皇权统治而不能戍边御敌的军队，区区西夏小国，连年袭扰甘陕，搞得几朝大宋皇帝忧心忡忡。朝廷每年输金求和，虽有益于大局，却使军队的斗志大打折扣。

冗官、冗兵，这两项巨大的开销令国家财政捉襟见肘。官员的特权动不得，这是一个大问题。二十年前，范仲淹的"庆历新政"首先拿官吏开刀，喊出响彻历史的口号："先天下之忧而忧，后天下之乐而乐！"忧什么？忧国运不能长久。可是大批官员忧他的官帽、忧他的待遇，谁动了他们的帽子和钱袋子，他们要拼命的。

范仲淹失败了。时隔一代人，变革的声音又大起来。这一次,血气方刚的宋神宗碰上一代奇人王安石,两股大力相加,新法得以骤行天下。两三年间,七八个新法相继出台,一经出台立马实施,免役法、市易法、均输法、青苗法、方田均税法、保甲法、保马法、农田水利法……涉及面之广,力度之大,几乎空前绝后。

本来力倡变革的苏轼,却站到了王安石的对立面,这是为什么呢?

苏轼在老家眉山丁忧后回汴梁,复任原职于史馆。英宗、神宗都曾想重用他,宰相韩琦几次加以阻止,理由是年轻干才需要历练。为此朝廷有议论,认为韩琦行事过于老成。苏轼倒显得十分豁达,对安慰他的恩师欧阳修说:"韩公,乃古之君子爱人以德者。"

当年凤翔知州陈希亮砥砺苏轼,看来有成效。苏轼虽天性豪放,但不经磨炼,不受挫折,修炼成博大襟怀也难。到后面我们会发现,苏轼对别人的包容、宽厚,几乎到了无以复加的程度。

不过,在原则问题上,苏轼毫不退让。

王安石推行新法有如暴风骤雨,一个新法未见成效,另一个又来了。他不怕走极端。也许吸取了当年范仲淹推新政不够狠,导致守旧势力反扑的教训,王安石的战略是先走极端,然后再来纠正。他的总体思路是强化中央财政,与商贾争利,抑制地主豪强。

如市易法。这是王安石的商贸大法，把原本属于商人的利润收入国库。汴梁是商品集散地，商人做买卖，大小商家各有赚头。王安石让官方资本进入市场，成立"市易务"，等于购销批发总公司，兼营银行业和典当铺。资本的运行有权力做后盾，货源和批发价均由官方控制。年复一年，大宗银子源源不断流入官府，商人利润萎缩，面临破产，大量手工业者生计萧然。条例司看着进账的数字，兴奋至极，下令在全国十几个大城市全面铺开，设市易务，而京城的市易务升格为都提举市易司，掌控全国的下属机构。

再如青苗法。乡下农户每年到了青黄不接的时候，会向地主借贷，夏秋还钱，半年加息五分左右。青苗法以官方贷款取代私人贷款，半年取息二分，抑制了地主，又减轻了农户债务。这本是王安石最自信的法子，搞过多次试点，都很成功。但强制全国推行，问题层出不穷。首先是青苗钱一年收放两次，实际利息已达四分。且地方官吏借新法之名强行摊派，并暗中加息，同时勒索富人和穷人。富人不愿借，但必须借，还得多借。穷人还不起，便十户为一保，跑了任何一户，其余九户连带赔偿。于是富人争着变穷，穷人结队逃亡，官府出动大批催收队、抓捕队，到处鸡飞狗跳……

还有一个严重问题：普通农人，尤其是不知艰辛的后生，轻易就能借到大把的钱。于是放下锄头就跑，进城吃喝嫖赌，过上了城里人的日子。苏轼言："每散青苗，即酒课暴增，此臣所亲见而为流涕者也。"酒课即酒税，大把的青苗钱都拿去买酒了。

这些都是青苗法的设计者始料未及的。其余各法皆有不同类型的弊端。

后人评价熙宁诸法说："法非不良，而吏非其人。"王安石凭借他在几个州的基层经验，把新法推向全国。可能他觉得，全国官吏的素质都像他和他的部下。

苏轼也有自己的基层体验，凤翔十个县，他曾跑遍每一个县衙，每一处村落。在老家眉山，他对维系生活世界的风俗与道德做了大量细致的考察，进而得出结论：风俗之厚，道德之淳，对国家的长治久安至关重要。风俗，道德，民心，乃国家的柔性实力。社会"礼崩乐坏"，道德沦丧，弱肉强食，势利风行，老百姓的生活失去安全感和方向感，惶惶不可终日，国家又怎么能够长期富强？

苏轼以民为本，王安石以国为本，二者矛盾了。

苏轼官小，王安石官大，但小官处处反对大官，弄得大官非常头疼。俗话说人微言轻，苏轼却是典型的官小声音大。这里有三个原因：

一是他与欧阳修、范镇、富弼等朝廷重臣往来密切；

二是他语言功夫超一流，极富煽动性；

三是他能直接给皇帝进言，前后两封奏疏，《上皇帝书》和《再上皇帝书》，言辞异常激烈，充满了火药味。

细读苏轼这类文章，令人很感慨。

苏轼敢于做斗牛士，狠斗牛形人王安石。他讲究斗争的策略，瞄准进言的时机，是个身形优美而潇洒的斗牛士。笔者形容他是"热血智者"，此间已见端倪。

有一天神宗皇帝突然在便殿召见他，问以国策。他一点不客气，当面批评神宗："求治太急，听言太广，进人太锐。"神宗听了很不舒服，却好歹忍住了，温和地说："卿三言，朕当熟思之。凡在馆阁，皆当为朕深思治乱，无有所隐。"

这次皇帝的单独召对，使苏轼兴奋不已，逢人便讲。

王安石听到了，顿时心下不悦，吃饭摔筷子，喝茶吹胡子……

神宗是个奇怪的年轻人，一面大权独揽，一面又想倾听大臣们的意见。毕竟变法事关重大，他和唐宪宗一样要做中兴之主，扭转国运。他有重用苏轼的念头，征求王安石的意见，王安石明确表态：不可。

神宗只好作罢。龙椅上的年轻皇帝不得不对"拗相公"言听计从。

变法机构制置三司条例司聚拢一群青年干将，工作效率极高，唯苏辙首先觉察到不对劲。"安石出《青苗书》使辙熟议，曰：'有不便，以告勿疑。'"苏辙认真研究后，发现青苗法弊端甚多，建议王安石要慎重。王安石说："君言诚有理，当徐思之。"可是过了一个多月，河北转运判官王广廉私行青苗法，春散秋敛,与王安石意合,于是青苗法遂行。苏辙几番与他争辩,力陈青苗法将对农民造成莫大的伤害。王安石大怒,将苏辙贬为河南推官。

当时苏辙三十二岁,苏轼三十五岁。兄弟二人服父丧,在老家眉山丁忧三年,刚回汴梁不久,双双卷入反对王安石的斗争。按今天某些人理解的官场路数,他们回到久违的京师,应该观察动静,辨认风向,以免仕途栽跟头。王安石的权力如日中天,他们不趋附也就罢了,却又何必赤膊上阵对着干?这里边究竟藏着什么玄机?

答曰:无玄机。

一切皆坦然,可以摆到阳光下的。兄弟二人由他们的修养所决定,把天下苍生可能遭受的灾难视为自己的灾难,条件反射般地站出来。儒家文化的精髓注入血液,使他们有了一种"文化本能"。达则兼济天下,这可不是奇怪的高调,脱口而出的空话。铁肩担道义,妙手著文章。这话意味着:文章和道义,具有某种源头上的亲密关系。只有在源头上着眼,才能理解何谓知识分子的超越意识,才能领悟何以百姓的幸福重于泰山,而区区一顶乌纱帽轻如鸿毛。

早年在眉山,他们共读圣贤书,讨论国家大事。父亲苏洵也加入进来。南轩书房常常响起三苏父子激烈争论的声音。在德语中,"真理"一词含有争辩、争而后得的意思。

三苏父子共同的价值体系,倒不失为一个有意思的研究课题。

苏洵讨厌王安石，视其为装模作样、胸中藏有大奸之人。他的《辨奸论》，京师流传甚广。现在王安石排挤苏氏兄弟，这里边是否含有报复？依我看，可能性不大。有证据表明，王安石对苏轼的理解与欣赏超出宋代一般人。

王安石要干大事，扭转历史的走向，必须清除绊脚石。然而绊脚石真是太多了，王安石手脚并用，又踢又搬的。如果不是绊脚石自己走掉，"拗相公"力气再大，估计也只能干瞪眼。司马光、范纯仁、欧阳修、张方平、富弼、韩琦、范镇……一群重臣相继离开朝廷，类似现代政治格局中的内阁集体辞职。神宗皇帝哭着挽留，但大臣们去意已决，纷纷乞外放，做地方官去了。司马光在洛阳一待十五年，埋头写他的历史巨著《资治通鉴》。他和王安石一样耐心等待时机，蓄积能量重新跃入活生生的历史进程。

在王安石眼里，苏轼是个古灵精怪的绊脚石，体积不大，却很沉很沉，搬他费力，踢他脚疼。这石头还善于在京师的地面上四处滚动，发出各种刺耳的声音。

熙宁初有两三年的时间，苏轼在京城跳得很厉害。神宗的一句"为朕深思治乱"给了他巨大的力量。他忠君，又指责君，冒着丢掉身家性命的风险反对神宗的治国大略。这股大力又从何而来？答案似乎只能是来自强大的文化传承。

国家是得变，但欲速则不达。苏轼打比方说：要像白昼不知不觉变成黑夜，不能从严冬一下进入酷暑。气温大起大落，肌体承受不了。几年就要摧毁几百年形成的风俗、道德，生活将面临前所未有的威胁。青苗、市易诸法固然在短时间内充实了国库，却令城乡百姓遭殃，弃祖业，卖田产，流离失所，家破人亡。苏轼痛心疾首，《再上皇帝书》中大义凛然地说："今日之政，小用则小败，大用则大败！若力行而不已，则乱亡随之！"

这一年苏轼三十五岁。慷慨激昂的言辞中不难看出书生意气。论治国，我不知道他和王安石谁高谁下。我所能分辨的只是：苏轼看社会生活比王安石看得更细更远。而荆公这个人是出了名的对日常生活不屑一顾，他的日常趣味对他的治国理想不会没有影响吧？

苏轼铁了心跟荆公对着干。这块绊脚石摆到了荆公的眼皮子底下。年近半百的拗相公会奋力一踹吗？

荆公若是这么干，他就枉称荆公了。

这时候，一个小人跳了出来。小人名叫谢景温，几年来在官场苦苦钻营却进身无计。他思得一计：把自己的妹妹嫁给王安石的弟弟。他成功地做上荆公的姻亲，当上朝臣，然后发挥狗的本事咬上苏轼。他上章弹劾，说苏轼三年前送父亲的灵柩回眉山，利用官船沿途贩卖官盐、家具和瓷器。神宗看了奏章下令调查。这桩弹劾案闹得朝野震动，韩琦、范镇、欧阳修都站出来为苏轼讲话。当初苏洵去世，英宗及大臣们的赠银数目那么大，苏轼一概不受，他犯得着沿途用官船卖私货吗？

案子终于了结，苏轼无罪。审案的过程长达数月，王安石一直不表态。他并不希望一棍子将苏轼打趴下，但这个新法的绊脚石必须挪开。神宗领会了他的意思，下旨说："与知州差遣。"苏轼自从签判凤翔以来已有十年，可以做知州了。然而圣旨下达中书，中书不同意，改命苏轼为颍州（今安徽阜阳颍州区）通判。中书等于宰相办公室，直接听命于王安石。变法的紧要关头，王安石不能让苏轼出任地方最高行政长官。神宗的旨意遭驳回，拗相公拗到皇帝跟前了。神宗挥朱笔再批："通判杭州。"

杭州为当时东南第一州，富庶冠于全国，是王安石"生财"的重点地区。从神宗的任命看，他对苏轼还是很有好感的。通判这个位子蛮有意味，既不是副职，又不是部属，它是宋廷特意为节制、监察知州而设置的官位。看似闲职，不管事儿，但州府大小公事，须由知州与通判连署方能生效。通判若是弄权，不合作，打小报告，往往把知州弄得很难堪。知州忌惮通判，是宋朝官场的普遍现象。通判不弄权还能叫通判吗？

熙宁四年（1071）七月，苏轼携家小离京赴任：继室王闰之、长子苏迈、次子苏迨以及乳娘任采莲。

苏轼反对王安石变法，一生的命运都搭进去了。

苏辙在陈州（今河南周口）担任学官，苏轼到陈州盘桓七十余天，时常出入张方平的府邸。九月间，轼、辙同往颍州拜谒欧阳修，又住了二十几天。这两个老人是三苏父子的大恩人，曾因政见不合而不来往多年，却能联手把苏轼推上政坛和文坛。北宋士大夫胸襟开阔者比比皆是。

这个历史现象值得深入思考。

苏轼逗留陈州之时，苏辙对他不放心。苏子由话不多，但诸事心中有数。他是沉稳型的男人，不会像哥哥那样由着性子。只有一件事他说不上节制：十余年间几个儿女相继坠地。他既高兴又担忧。以他的收入，要养活一大群子女委实艰难。他住在矮小的房子里，身量又高，"常时低头诵经史，忽然欠伸屋打头"。苏轼拿他的身高开玩笑。

入夜了，苏辙手执烛台在屋子里走来走去，烛光把他的身影投到墙上。他的衣衫有些破旧了，动作也慢腾腾的，单看背影像个老者。唯一像样的椅子上坐着他的兄长。当兄长说日后想把他的几个女儿一一嫁出去时，他的脸上浮现出笑容。

苏辙讲学回家，通常足不出户。不是诵读经史，就是照料儿女。苏轼来了，拉着他到处跑，找恩师张方平喝酒。这个奇怪的老头，苏轼亲眼看见他百杯不醉，像个酒仙。张方平也是反对王安石的，不仅反对新政，还讨厌王安石的为人，讨厌他的生活习性。在他看来，王安石是十足的伪君子，欺世盗名的坏蛋，篡取高位，贻害无穷。他骂一句王安石，喝一杯酒，仿佛后者是他的下酒菜。苏轼附和着，却不是附和全部，他也恨王安石，恨他的新政搞得天下鸡犬不宁。张方平喝一杯，苏轼虽只呷一口，酒意却悠悠荡开来。白发老头与黑发后生越说越有劲，桌上菜都凉了。王安石确实是一道下酒的好菜……这时候，苏辙会在嘴上竖一根手指,示意兄长。苏轼不予理会。酒不能喝痛快,话也不能说痛快吗?

回家的路上,子由开口了:"人家可是做过大官的,并且即将致仕,说什么都无所谓,可你我不同。"

子瞻笑道:"你是说我只做过小官,正在仕途上,说什么都应该谨小慎微?子由呵,那样我会闷死的!"

子由说:"少说几句就闷死了?性不忍事,口不择言,说不准哪天会被人整死。"

子由说这话时,脸色已有些黯然。子瞻拍了拍他的肩,不复言语。

他们的头顶,是夏秋之交晴朗的夜空。

　　嗟予寡兄弟,四海一子由。

苏轼后来这样写道。

美感激活山水

苏轼刚到杭州,就接到文同写来的一首诗,诗中告诫说:"北客若来休问事,西湖虽好莫吟诗。"

文同,字与可,宋代的大画家,以善画竹知名于世。苏轼画竹受益于文同不少。文同这两句诗的意思是想让苏轼做哑巴,不仅做哑巴,还得像个文盲。文同认为自己是最了解苏轼的,然而时隔近千年,我的感觉却是文同最不了解苏轼。面对西湖这样的美景却不能吟诗,苏轼就不叫苏轼了。历代游西湖者何止亿万,不写诗的苏轼不过是其中一个,是没于"众在"中的一种存在。纵有苏堤,有个凝固的风光,却也孤零零的。好事须成双,有了"欲把西湖比西子,淡妆浓抹总相宜"这样的诗句,情形就为之一变。这首诗是荡漾开来的风光,滞留于西湖的每一道波纹,它的散漫的永恒映衬了另一个凝固的永恒。如果当时的苏轼听了文同的劝告,置身西湖而"不置一词",岂不是损失太大?

由此观之,文同实在是小家子气,亏他还是个著名艺术家。

文人见不得美景,一见就诗情涌动。一般人见了美景,赞叹几句就罢了，文人却能摄其精髓。我想，中国古代文人的一大功劳，是以美感激活了中国山水，使之从一种散漫的状态中剥离开来，提升为固定的审美对象。这所谓固定，并非要扼杀感觉。好的诗句或绘画向来是能够激活感觉的，它们并不武断。恰恰相反，诗句或画面指向了审美的多元和散漫。它们在提升的同时也在做着还原的工作。一切优秀的作品均在此列。萨特阐释凡·高作品的一番话说得真好："如果画家给我们看一角田野或一瓶花，他的画幅是通向整个世界的窗户；这条隐没在麦田中的红色小道，我们沿着它走得比凡·高画出来的部分要远得多。我们一直走到另一些麦田之间，另一朵云彩底下，直到投入大海的一条河流；我们把深沉的大地一直延伸到无穷远……结果是，创造活动通过它产生或重现的几个对象，实际上却以完整地重新把握世界作为它努力的目标。每幅画、每本书都是对存在的总汇的一种挽回。"

萨特的这段话十分重要，所以我加以摘录。后面还将大量谈及苏轼的诗文，这段话不妨视作小引。另外，我再次想到欧阳修的"山色有无中"，可以视作范例，证明好的诗句不仅是对某一风景的把握，更是以此为出发点，通向更为广阔的审美前景。

苏轼通判杭州，既要问事，又要吟诗，两者都给他种下了祸根。

国家处于因剧变而引发的动荡之中，苏轼紧张地关注着，北面来的京都客，他哪有不问的；西湖风光如此之美，他若不激动，不吟诗，那他还是苏轼吗？文同所担心的这两点，恰好是苏轼生命中两个最大的喷发点。与之相比，仕途算什么呢？官帽算什么呢？理解这个犹如巍巍昆仑般的伟大生命，这是关键处。入仕途为做事，为实现士人的理想，但要拿理想换取仕途通畅，苏轼这样的人办不到。

前面我谨慎地使用了"文化基因"这个词，不知道读者是否认同。从孔子、孟子、庄子、屈原到苏东坡，一连串光辉的名字，呈现出清晰的"基因链"。破解人类精神、文化的基因图谱，其功之伟，何尝低于破解生理性的图谱？

杭州知州沈立是一位勤政爱民的好官，苏轼和他相处融洽。二人尽量在实施新法的过程中减少流弊。当时的地方官执行朝廷的命令是有弹性的。像欧阳修知青州（今山东青州），在他的地盘上公开抵制新法。欧阳修是三朝元老，朝野享有盛名，皇帝也让他三分。而王安石是他的弟子，弟子对老师，还得毕恭毕敬。

沈立是王安石选中的干吏，出任江南第一都会的地方长官，受各方关注。反对新法的大臣常有书信给他。他夹在中间，动用官场智慧谨慎行事。苏轼与他经过短暂的磨合之后配合默契。通判与知州，没什么不愉快。苏轼这个人学弄权显然比较困难。通判一般都狡猾，充分利用朝廷给他的模糊身份掣肘知州。《水浒传》里有个黄通判，很典型的，而我们的这位苏通判却给人相反的印象。史料记载多，包括宋人笔记和苏轼本人的诗作。

青苗法在杭州推行，后果如苏轼所料，欠官债的百姓被捉拿，牢狱人满为患。除夕，按衙门旧例要清点犯人，苏轼高坐于堂上，目睹这些衣不蔽体的小民，心中的酸楚油然而生。他写下《除夜直都厅囚系皆满日暮不得返舍因题一诗于壁》，把悲哀留在州府的墙上："除日当早归，官事乃见留。执笔对之泣，哀此系中囚……"

苏轼巡视余杭、临安、富阳、新城、于潜各县。在"春入山村处处花"的新城县，他吃惊地发现，不少年轻的山民揣着青苗贷款进城消费，于是慨然写道：

杖藜裹饭去匆匆，过眼青钱转手空。
赢得儿童语音好，一年强半在城中。

农民处于温饱线上，手里难得有些许现钱。尤其是不懂得生活艰辛的年轻人，他们没文化，欲望又盛，不朝城里跑才怪呢！吃喝嫖赌样样来，啥本事都没学到，只学会了城里人好听的口音……苏轼正是在这些细微的地方，确认了新法的大漏洞。

苏杭上缴的青苗钱，朝廷不满意。海边的盐户们又坚拒盐法。按王安石的盐法，盐户生产的盐一律卖给官方，再由官方高价专卖。这使得盐户也买不起盐，于是大家纷纷私藏、私贩，有些大盐商甚至搞武装贩运。朝廷不得不派军队镇压。

一个叫卢秉的官员提举两浙盐事，行事非常强硬。

苏轼写信给朋友说:"某此粗遣,虽有江山风物之美,而新法严密,风波险恶,况味殊不佳。"

卢秉要在杭州仁县的汤村开凿一条运盐河,命苏轼赴汤村督导工程。春耕时节,农民被迫弃农事,不种庄稼,都去开运河。苏通判这么写:"盐事星火急,谁能恤农耕?薨薨晓鼓动,万指罗沟坑。人如鸭与猪,投泥相溅惊。"

这是官员写的吗?愤怒出诗人。千百个农民在泥坑中干苦力,田地荒芜。

有人把苏轼的诗作秘呈卢秉,卢秉转给沈括,就是《梦溪笔谈》的作者,百科全书式的人物。关于他,容后再表。

官军在浙东、浙西抓人,新修了数十座监狱,还在修。苏轼直接上书军事首脑文彦博:"两浙之民,以犯盐得罪者,一岁至万七千人而莫能止。"一年就抓了一万七千人,而抗拒盐法的人依然多,为什么?为生计。盐法断了无数人的活路。

苏轼奔赴各县,想尽一切办法保护农事,宁可让运盐河延期竣工,也要不误农时,不让农民夏秋饿肚子。知州沈立支持他这么干。卢秉大怒,报告吕惠卿,吕惠卿报告王安石……

苏轼风雨兼程一个多月,马蹄踏遍杭州。"野庐半与牛羊共,晓鼓却随鸦鹊兴",堂堂苏通判,和牛羊睡野庐,与鸦鹊共睁眼。

马梦得叹曰:古贤人之爱民如子,我今日亲眼见也!

知州沈立写诗传信,召苏轼归杭州。苏轼回诗:"锦袍公子归何晚,独念沟中菜色民。"

熙宁五年(1072),新法推行的力度加大,苏轼很苦闷。江南的体验,印证了他在蜀地的生活印象。百姓安居乐业,这多好啊!可是上面动个念头,下面就乱成一锅粥。

他写诗并编成集子,刻印几十本供朋友们传看。不少人到杭州来看他,包括后来的"苏门四学士"之一、诗和书法与他齐名的黄庭坚。他对人完全没有城府,王弗生前是最担心的,在汴梁、在凤翔,她睁大一双慧眼,含笑打量每一个到访的客人。眼下的王闰之,一门心思带孩子。前后两位夫人,似乎真有高下之分⋯⋯

沈括把苏轼的集子带到京城去了。

苏轼通判杭州三年,虽有新法之苦,却不是愁眉苦脸过日子。此人先天快乐,后天快乐,要让他不快乐,除非阻断他的呼吸。今天他的故乡有个口号:"东坡老家,快乐眉山。"而本书写作的冲动就是想解开苏东坡的快乐之谜:天性生快乐,智慧生快乐,磨难生快乐。

此处先提一笔,接下来慢慢看吧!看他的纯度如此之高的快乐,究竟是如何生成的。到晚年,他俨然炼成了快乐的"金刚不坏之躯"。

沈立调走了,新知州叫陈述古,原是朝中大臣,新法的反对者,被王安石的得力助手吕惠卿排挤出京。神宗安排陈述古外任杭州,自有一番考虑。

苏通判与陈知州相得甚欢,当时已传为佳话。这倒不是说二人今天聚首,明天就联手抵抗新法。官场智慧,并不允许这么干。苏轼写过《留侯论》,年轻的张良刺秦王逞一时之勇,非智者所为。苏轼的"凤翔期",不亦犯过由着性子行事的毛病吗?

苏轼为官,既是理想主义者,又是经验主义者。秦、汉、唐、宋,历史的经验和教训,足以形成这样的智慧。

苏轼有两首名词是为陈述古写的,一般官场友谊哪有这等情怀。我们来看《虞美人·有美堂赠述古》:

> 湖山信是东南美,一望弥千里。使君能得几回来?便使樽前醉倒、更徘徊。
>
> 沙河塘里灯初上,水调谁家唱?夜阑风静欲归时,惟有一江明月、碧琉璃。

长官和睦,僚属踊跃。僚属几乎每天请喝酒,苏轼疲于应对。他酒量不行,一杯上脸,三杯就似醉非醉了。杭州号称人间天堂,却是苏轼的"酒食地狱",乘人不备他要溜的。西湖边有座望湖楼,有时他一个人待在那儿,享受一下孤独。摆脱人群的孤独蛮有味道。大诗人都是孤独的好手。万顷西湖在脚下,环湖诸山在天边。时值七月的这一天,忽然黑云翻滚、大雨倾盆,苏轼闲登望湖楼,凭栏徘徊,操着老家眉山的语音,口占一首七绝:"黑云翻墨未遮山,白雨跳珠乱入船。卷地风来忽吹散,望湖楼下水如天。"

晴天游湖又不同,云白,天蓝,山青,湖绿。暴雨生跳珠,细雨起涟漪,涟漪铺向空蒙的山色。苏轼另一首七绝,把湖光山色之美推到了今天:

水光潋滟晴方好,山色空蒙雨亦奇。
欲把西湖比西子,淡妆浓抹总相宜。

写西湖,此诗又是公推第一,无人投反对票的。

苏轼之前,西湖本无定称。郦道元注水经,称明圣湖;唐人传说湖中有金牛,称金牛湖;白居易治湖,筑石函泄水,百姓因敬爱他而称石函湖;宋初称放生湖。苏轼此诗一出,西湖、西子湖广为流传,名称定下了。一首二十八个字的小诗,准确提炼了西湖的风光,并为西湖命名。

月夜坐小船,随风漂荡于湖中,苏轼形容躺在船头的感觉说:"水枕能令山俯仰,风船解与月徘徊。"

他描写钱塘江观潮:"欲识潮头高几许,越山浑在浪花中。"

他寻僧访道,谈禅说空,过金山寺,遭遇不明飞行物。我以前喜欢读的《飞碟》杂志讨论过这件事。《游金山寺》中有云:

是时江月初生魄,二更月落天深黑。

江心似有炬火明，飞焰照山栖鸟惊。

怅然归卧心莫识，非鬼非人竟何物。

苏轼补记："是夜所见如此。"他留下的诗近三千首，这类补记罕见。

山里的老和尚个个善品茶，互相不服气。苏轼发明了"三沸水"，老和尚们折服了。泉水、文火煮新茶，一沸水太嫩，三沸水又太老，而妙处在于靠听力和嗅觉把握二沸水。苏轼煮茶，明显技胜一筹，群山诸寺的和尚们甘拜下风。后来他在密州的超然台上，犹自怀念杭州品茶，《望江南·超然台作》有云："休对故人思故国，且将新火试新茶。诗酒趁年华。"

苏轼茶瘾大，一次能饮七盏。可能相当于今天的品茶客一次喝七碗茶。苏轼酒量小，平生引为憾事，于是专心茶道。日本人善茶道，也曾受惠于他。

在杭州西面的于潜县，他游寂照寺，迷上了竹子。风一吹它弯弯腰，雨一来它沙沙响。川西坝子，眉山老家，竹子是寻常可见的景观，不稀罕，不可缺。苏轼题诗说：

可使食无肉，不可居无竹。

无肉令人瘦，无竹使人俗。

人瘦尚可肥，士俗不可医。

旁人笑此言，似高还似痴。

若对此君仍大嚼，世间那有扬州鹤。

寂照寺的和尚个个清瘦，苏轼这首小诗令他们雀跃。

今日杭州寂照寺，当为这家喻户晓的诗作感到骄傲。

一大把胡子的张先，八十多岁尚能穿梭于官妓之间，把特别中意的带回家去。他一辈子的名声大都与女性有关，时人称他"张三中"，因他有词句："心中事，眼中泪，意中人。"不过张先自己更乐意标榜的"张三影"，也出自他描绘女性的名句："云破月来花弄影""隔墙送过秋千影""无数杨花过无影"。

张先在杭州常拉苏轼饮酒，或设歌舞于府中，或听丝竹于湖上。这个对年轻异性永远着迷的老头，对苏轼会有影响。一个模样俊秀的小女孩进入苏家，她名叫王朝云，时年十二岁，琴棋歌舞俱有悟性。此后二十多年，她在苏轼身边成长为一位美丽动人的女性。

苏轼对女性的态度，值得认真研究。有些史料称苏轼"性不昵妇人"，这话也对也不对。唐宋文人几乎无一例外地钟情于优美的女性，但苏东坡和白居易、欧阳修、晏殊父子及柳永、张先有明显的区别。什么样的区别呢？我们到后面再加以辨析。

依我愚见，唐宋文人和女性不可须臾分割的紧密联系，应当进入严肃的历史学者、文学史家的视野。揭示生命的本质与发现历史的规律同等重要。

人间天堂，酒食地狱

苏轼在杭州，请他喝酒的人排起了长队。他虽然只是通判，但名气大、才望高，知州对他也礼让三分。他酒量有限，在新结识的朋友面前却还得撑着。文人与酒好像有一种先天联系。他是豪爽的汉子，说干杯就干杯的，别人就以为他有海量。府吏之间，一时盛传他的豪饮。

有时候早晨就开始喝酒。太阳升起了，苏轼的脸也红透了。落日时分，已经像在滴血。夜里却渐渐泛白，一如杭州城的月亮。第二天，一片铅灰。然而请他喝酒的人又在敲门了……

> 东坡倅杭，不胜杯酌……疲于应接，乃号杭倅为酒食地狱。

杭州本是人间天堂，而苏轼称之为酒食地狱，可见酒之于他，的确是个爱恨交加的东西。他病倒了好几回，请他喝酒的人终于少了。盛传他豪饮的人有了新说法：大诗人原来是小酒量。

"小酒量"半醉于著名的望湖楼,泛舟于夏季之波浪,几乎被暴雨中的西湖惊呆。

> 黑云翻墨未遮山,白雨跳珠乱入船。
> 卷地风来忽吹散,望湖楼下水如天。

我小时候就熟悉苏轼的这首《六月二十七日望湖楼醉书五首》(其一)。白雨跳珠,当时似懂非懂,但趣味正好在似懂非懂之间。不懂就会想,一想便有趣。跳珠也罢了,还乱入船,满船珠子乱跳。人在何处呢?他不怕淋雨吗?珠子一样的雨滴打在脸上痛不痛呢?儿时的我一味痴想。后来才明白,人是化为情绪了,情绪是不怕淋雨的。

这首诗题为醉书,却不见醉态,黑云翻墨之类并无半点酒意。我想苏轼在历经了酒食地狱之后,再不会十杯八盏地拼着喝了。不喝又想,羡慕能饮者的醉态,于是有"醉书"之说。苏轼之于酒,常常是"把盏为乐",玩酒杯而已,一辈子欲爱不能。

> 人老簪花不自羞,花应羞上老人头。
> 醉归扶路人应笑,十里珠帘半上钩。

这儿又是一个醉。苏轼到吉祥寺赏牡丹,自插一头鲜花,带了几分酒意,被人扶了回归寓所,已是日色向晚:十里珠帘半上钩。三十多岁的苏轼,刚刚盛开的牡丹,两者也许不相配,但自称老人,却也戏言。不过,这儿的醉像是真醉:头上插了鲜花的苏轼在杭州城中踉跄而过。

宋代男人有头上插花的习俗,浪漫啊!

好风光加好女子,然后就有好诗词

苏轼把西湖比作西子,他眼中的西湖是一代美女的重现。苏轼对女性想来也是敏感的,"余杭自是山水窟"这句诗也可作别解:余杭自是美女窟。

苏轼在杭州诗兴大发,写了不少好东西。他的大诗人生涯应该从此时算起。而诗兴大发的诱因,除了风光,亦与多情的江南女子有关。

杭州最热闹的沙河塘,有个酒楼女子清丽照人。苏轼去看她,只是欣赏她楚楚动人的情态而已,并未以自己的长官身份与她搭话。后来苏轼发现清丽女子消失了,顿觉惆怅,写诗叹曰:"惆怅沙河十里春,一番花老一番新。小楼依旧斜阳里,不见楼中垂手人。"

另有一个流传很广的故事:

> 苏子瞻倅杭日,府僚湖中高会,官妓秀兰以沐浴倦卧,营将督之再三乃来。时府僚有属意兰者,恚恨不已。子瞻

从旁阴为之解,终不释然。时榴花盛开,兰以一枝藉手献座中,府僚愈怒,兰但低首垂泪而已。子瞻乃作一曲名《贺新凉》(取其沐浴新凉,故名),令兰歌以侑觞,府僚大悦,剧饮而罢。其词云:乳燕飞华屋,悄无人、桐阴转午,晚凉新浴。手弄生绡白团扇,扇手一时似玉。渐困倚、孤眠清熟。帘外谁来推绣户?枉教人梦断瑶台曲。又却是、风敲竹。石榴半吐红巾蹙,待浮花浪蕊都尽,伴君幽独。秾艳一枝细看取,芳心千重似束。又恐被、秋风惊绿。若待得君来向此,花前对酒不忍触。共粉泪、两簌簌。

我向来喜欢苏轼的这首《贺新凉·乳燕飞华屋》,它勾勒出一个女子怯生生的情态。眼下翻检资料,方知真有这回事,可见苏轼的描写很传神。官妓秀兰来迟了,某府僚不高兴,苏轼"阴为之解",府僚还是不高兴。苏轼作小词,令秀兰唱了,方赢得"府僚大悦"的局面。秀兰不过一官妓,苏轼用心如此,足见其怜香惜玉。

顺便提一句,我最喜欢的句子为:"帘外谁来推绣户?枉教人梦断瑶台曲。又却是、风敲竹。"我二十岁住眉山印刷厂的单间宿舍,常念这一句,好像并无深意,其实暗暗企盼着,企盼有人来敲门。企盼中的敲门者当是异性——却也不一定,当时的工厂青年多,青春气息和人文气息俱浓郁……这前半句原本平平,有了后半句"风敲竹",意境全出。不单惆怅而已,还有优雅——风敲竹子的声音,将惆怅化为乌有。

苏轼另有一件事,更具戏剧性,是关于女人的,也是关于诗词的。女人和诗词之于苏轼,就像同一物体的两面。或者说,杭州的好女子加上好风光,然后就有好诗词。

有一天,苏轼约了朋友游西湖,坐在临湖亭上喝茶。他们可能喝了一下午的茶,有阵雨袭来,不久又放晴。晚照浮在湖面上。如此好风景,却总嫌少了点什么。苏轼不言,朋友也不道破,二人就这么坐着。有点无聊——大诗人也会无聊的。然而老天作美,送来一叶小舟和几位佳丽:"湖心有一舟渐近亭前,淡妆数人",苏轼揉了揉眼睛,以为弄错了:小舟莫非从梦中驶来?"中有一人尤丽,方鼓筝,年且三十余,风韵娴雅,绰有态度。二客竟目送之。曲未终,翩然而逝"。

这几个女子忽来忽去的,大有蹊跷。鼓筝的那一位不看别人专看苏轼。不过这一层,让苏轼给按下了。诗意这东西要及时捕捉,不然它就溜了。它一旦溜了,便是踪迹渺难寻,不像那来而复去的娴雅女子,尚有可能去而复来。

这个仲夏的傍晚,在西湖边上,苏轼作长短句云:

凤凰山下雨初晴,水风清,晚霞明。一朵芙蕖,开过尚盈盈。何处飞来双白鹭,如有意,慕娉婷。

忽闻江上弄哀筝,苦含情,遣谁听。烟敛云收,依约是湘灵。欲待曲终寻问取,人不见,数峰青。

那女子的目光在苏轼心中缠绕，一如她的指尖送出的音乐。

出乎意料的是，几天后，也是在西湖，那三十来岁的"尤丽"女子再度驾舟而来。这次是单身一人。原来她是存了心的。不单苏轼在寻找，原来她也在寻找。她对苏轼倾慕已久，"少年景慕高名，以在室无由得见。今已嫁为民妻，闻公游湖，不避罪而来"。

苏轼不禁大为感动。对方竟然是来表达爱慕的。二人有无后事，史料不载。

这段故事见于《瓮牖闲评》，可信度不得而知。一位杭州的少妇，恋着远在京师的苏轼，苦苦等待机会，嫁人难改初衷。机会终于来了，梦中情人出现在西湖边上。移舟相近弄哀筝，曲未尽而人已去。这是情不自禁的意思，再待下去，少妇生怕自己会当众失态。第二次她单身前来，胆子也大些了。如果没有第一次做铺垫，她的献身精神足以将苏轼吓跑。

然而苏轼没被吓跑，他挥毫写下了《江城子·湖上与张先同赋，时闻弹筝》，纪念这次邂逅，有没有下文已经不重要了。无论什么样的邂逅，男人和女人都会化作尘埃，而文字留了下来，这首词留了下来。

苏轼在杭州，问朝政，理公务，然后过着这样的日子。湖光山色，诗酒女人，亦频频入山寻僧访道。他结识了秦观，知道了黄庭坚。这两个大才子虽为后来的苏门学士，但他们的名气并非因为沾了苏轼的光。黄庭坚的诗与书法均与苏轼齐名。秦观的词写得好,偏婉约一路的,有些市井气。苏轼有一次对他说:"不意别后,君学柳七填词。"柳七即柳永。对于自己的门生,苏轼自然不喜欢秦观学柳永。

诗酒女人的日子一直过下去,身心舒畅,大脑却会迷糊,再也写不出好作品。像鲁迅先生讲的,杭州这种地方,待久了不行,再弄个苏小小,就更没意思。鲁迅这段话好像是对郁达夫讲的。我印象中郁达夫属柳永一类。才子型的作家到柳永为止,而苏轼远为广阔。我找不到更恰当的词,姑且称之为柏格森式的生命冲动,张力巨大,几乎是毫无保留地投入生存的万顷波涛,"谁似东坡老,白首忘机"。而反观眼下的一些人,年纪轻轻就机关算尽,内心沟壑纵横,"终日目不停转"。

苏轼日子滋润了不忘恩师,曾专程赴颍州祝贺欧阳公的寿辰。欧阳修六十五岁了,毛发如霜,牙齿半落。苏轼"插花起舞为公寿",依然是毕恭毕敬的弟子。欧阳修依然是一派醉翁形象,"醉后剧谈犹激烈"。两个描写西湖的绝顶高手,临颍州西湖畅饮,那场面一定很有趣。苏轼讲秀兰,讲他在杭州西湖和"尤丽女子"的传奇遭遇,欧阳修乐得哈哈大笑,可惜他老了,身体又不好,男欢女爱只能说说而已。第二年他驾鹤西去,享年六十有六。

老夫聊发少年狂

熙宁七年（1074），苏轼升密州（今山东潍坊诸城）知州。其时密州蝗虫铺天盖地，农民呼天抢地。有些官员说，蝗虫是好虫，"可为田地锄草"。苏轼愤言："将欺谁乎！"

苛政猛于蝗。吕惠卿强硬推行手实法，强征天下人的财产税。苏轼到任半个月，连写两封奏疏上报朝廷，报告蝗灾，力抵手实法。他在田坎边上写奏章，忙了一百多天才打道回州府，府衙官吏竟有半数不识他的尊容。

宋代的经济重心在东南，齐鲁穷，但盐法、青苗法也即将搞到山东来了。苏轼向丞相韩绛呼吁："愿公救之未行！"苏轼却不知道，韩绛如今要看吕惠卿的脸色行事。

皇帝要打大仗，"西北万里招羌儿"。庙堂上的君臣，只看国库的进账数字。这叫强力意志，"求意志的意志"（海德格尔）。

哪怕蝗虫直接吃人，官员也会视而不见。这叫意志的极端形态。

苏知州写奏书，想要上达天听："臣伏见河北、京东比年以来，蝗旱相仍，盗贼渐炽。今又不雨，自秋至冬，方数千里，麦不入土，窃料明年春夏之际，寇攘为患，甚于今日。……今中民以下，举皆阙食，冒法而为盗则死，畏法而不盗则饥，饥寒之与弃市，均是死亡，而赊死之与忍饥，祸有迟速。"

汴梁的天，听而不闻；密州的臣子，奈何奈何。

密州穷，四方城门洞的弃婴年年有。穷人弃婴于城门洞，好心人抱回家。而熙宁诸法推行以来，城里城外的弃婴多了。富裕人家养不了这么多，中等户唯求自保。于是丢弃的婴儿就惨了，风中雨中黑暗中，啼叫声昼夜不绝。

惨状不可接受。怎么办？大幅削减财政开支。

苏轼率领州县的所有官吏，把密州城的弃婴全部收养。拾弃婴的过程一言难尽，泪水止不住，泪水流不停。"秋雨晴时泪不晴"。

人类社会绵延至今，爱是第一推动力。

知州流泪，全城皆哭。人心都是肉长的，人又是一种氛围动物。有些人家悄悄抱回了自家娃，其余三百多个弃婴由官府收养，养到一岁，生身母亲再来认领。弃婴通常有记号。无人认领的幼儿皆入孤儿院。

苏轼这么考虑：一周岁的小孩儿能叫妈妈了，母子缠绕生情，再弃的可能性小。

苦了州县官吏，仅此而已。

十年后，苏东坡再次到山东做官，过境密州，赋诗于超然台上:"重来父老喜我在,扶挈老幼相遮攀。当时襁褓皆七尺,而我安得留朱颜。"

密州真穷,官厨索然,十天半个月才勉强打一回牙祭。官府的招待费,叫公使钱,苏轼拿去救了弃婴。他用自己的俸禄奖赏有功的官吏,但官吏们禀告说:市场上买不到什么东西。

杭州酒肉太多,密州市井寥落。

通判刘廷式对他说:"使君来密州,忧愁操劳,饮食不周,人在壮年白发生啊!"

苏轼的头发有少年白,杭州三年苦于应酬,大鱼大肉吃下来,白发增多了,不知道是怎么回事。

苏轼笑道:"有办法。"

刘廷式纳闷:有啥办法呢?牛、羊、猪又变不出来。

第二天,知州拉着通判,各扛一把锄头,沿旧城挖野菊和枸杞,以及别样野菜。知州吃得津津有味,通判有些勉强,吞几回才吞下去。

密州的土地并不贫瘠,山也不高,植物漫山遍野。苏轼研究医药,懂得百草,他需要克服的只是野菜的味道。他是一方大员,他吃野菜吃得香,下属们就能咽下去。

野菜一吃三个月,有趣的现象发生了。苏轼在《超然台记》中说:"而貌加丰,发之白者,日以反黑。"杭州吃酒肉,人瘦了;密州吃野菜反而长胖了,白头发转黑头发。

在艰难的年月，苏东坡与密州十万户共渡难关。

苏轼《后杞菊赋序》："而予仕宦十有九年，家日益贫。衣食之奉，殆不如昔者。及移守胶西，意且一饱，而斋厨索然，不堪其忧，日与通守刘君廷式循古城废圃求杞菊食之。扪腹而笑。"

一年清知府，十万雪花银。历朝历代，贪官、庸官之多，谁数得清？

苏东坡的仕途起点高，做了十九年的官，"家日益贫"，他的俸禄花到哪儿去了？朋友们知道，凤翔、杭州、密州的百姓知道。

次年秋天，政务忙出个头绪了。苏轼犒赏群吏，领数百人马会猎于常山。马踏平冈五十里，将林中的野兽驱赶出来，强弓利箭团团围住。兔子、獐子、野猪、豺狼、狐狸……初冬的野物肥且懒，一朝受惊，盲目逃窜。锦帽貂裘的苏东坡一马当先，弯弓射野狼，拔剑斩蛇蟒。

宋代的文官常摄军事，文武双修乃是百年风尚。

当年在凤翔，苏轼习骑射。自从走马山东以来，练武几为常态，"磨刀入谷追穷寇"。山东大地民风彪悍，苏子瞻入乡随俗，舞枪弄棍，内在的野性有了外化的空间。

苏轼跃马射狼斩蛇，随行士卒大呼："使君好身手！"

围猎的地方叫铁沟。

苏轼夜宿帐篷，帐外篝火熊熊。文豪犹在兴奋中，手抚黄狗与雄鹰。据考证，那条黄狗正是有名的山东细狗，身形与豹子相似，速度极快，咬力超强。

使君夜不能寐，欣然命笔：

> 老夫聊发少年狂，左牵黄，右擎苍，锦帽貂裘，千骑卷平冈。为报倾城随太守，亲射虎，看孙郎。
>
> 酒酣胸胆尚开张，鬓微霜，又何妨！持节云中，何日遣冯唐？会挽雕弓如满月，西北望，射天狼。

苏轼写罢《江城子·密州出猎》，还去信给好友鲜于侁："近却颇作小词，虽无柳七郎风味，亦自是一家，呵呵。数日前猎于郊外，所获颇多。作得一阕，令东州壮士抵掌顿足而歌之，吹笛击鼓以为节，颇壮观也。写呈取笑。"

打猎是为了解决吃肉的问题。填曲写词，苏轼还不敢跟柳永较劲。然而涉及艺术创作，苏轼很较真的，不怕在朋友跟前表扬自己。秦观学柳词，苏轼忍不住要讽刺他。秦少游是苏轼的忠实弟子，仕途和生计都对苏轼步步跟随，艺术道路却各走各的。

熙宁九年（1076）的秋天，苏轼在密州城造超然台。他对建筑颇有揣摩，早在凤翔就跃跃欲试了。做知州的妙处，是能想更能做。超然台在密州城北的高处，台高约九尺，占地十余亩。在济南做官的苏辙寄来《超然台赋》，苏轼写《超然台记》，称"游于物之外也"。他牵挂太多，于是想要超然。超然台倒是见证了苏轼的未能超然。

牵挂一切又仿佛了无牵挂,他崇拜的庄子能做到吗?

超然台上,细雨淋湿了思绪。

举目山城,风细柳斜斜。苏轼一个人溜达到这高台上,徘徊下午,立尽黄昏。

人群中抽身而出,乃是杰出艺术家之常态。背向人众,面向自己。

入秋了,"无边落木萧萧下"。

"天高云淡,望断南飞雁。"

心是沉甸甸的心。四十岁的男人,多少事欲说还休。

苏辙在济南做小官,兄弟不相见,屈指已七年。

中秋节,苏轼与官吏们共饮于超然台,"欢饮达旦",喝了一夜的美酒。刘廷式来敬酒,下属们来敬酒,红巾少女婀娜穿梭。苏轼醉也,月下跳起舞来。

酒神、月神、美神之狂欢,知密州七百多天,这一天抵达了情绪的高潮。

诗人淋漓醉墨:

明月几时有?把酒问青天。不知天上宫阙,今夕是何年。我欲乘风归去,又恐琼楼玉宇,高处不胜寒。起舞弄清影,何似在人间。

转朱阁,低绮户,照无眠。不应有恨,何事长向别时圆？人有悲欢离合，月有阴晴圆缺，此事古难全。但愿人长久，千里共婵娟。

这首《水调歌头·明月几时有》，本是写给弟弟子由的。而它之所以伟大，在于无意间写给了所有人。月之阴晴圆缺，对应人的悲欢离合，自然亦如人事，通达人心。伟大的艺术永远发生在无意间，这是意志力所不能染指的圣地，犹如遗世独立的空谷佳人，可遇而不可求。

宋人说："中秋词，自东坡《水调歌头》一出，余词尽废。"

苏轼写西湖第一，写豪放词第一，写悼亡词第一，写中秋月第一。

熙宁九年的夏天和秋天，苏东坡屡上超然台，情绪思绪，如歌如酒。诗人却哪里知道，一支笔已挥向千年。

大文豪诞生在杭州、密州。

苏轼要走了，朝廷调他去徐州（今江苏徐州）任知州。继任的密州知州姓孔，苏轼写诗送给他："秋禾不满眼，宿麦种亦稀。永愧此邦人，芒刺在肤肌。"在密州，苏轼为百姓做了很多，但是他很惭愧。为什么惭愧？只因为他毫无政绩的骄傲，眼中只有想做而未做的许多事。

他对孔知州说："何以累君子，十万贫与羸。"

做官就一个字：累。"哀民生之多艰。"

诗人浩叹:"平生五千卷,一字不救饥。"

拒绝诺贝尔文学奖的法国作家萨特尝言:他的作品比不上送给巴黎穷工人的一双皮鞋。

美政美词双丰，更有美人如月

熙宁十年（1077），苏轼徙知徐州。

四月，苏轼抵达徐州任所，安顿了家小，到官厅视事。

徐州多平原，杂以丘陵，地域广大，曾辖山东、江西大部分地区。秦末，项羽的大军屯于此地。宋代的徐州版图缩小，仍为重镇。此地多产花岗石、铁矿石，冶炼场很多，铸造各式兵器。

苏东坡到任不久，在此地发现石炭（煤），即下令开采"以冶铁作兵"。石炭锻造兵器比木炭强十倍，徐州三十六个冶炼场纷纷改烧石炭。苏轼赋诗《石炭》：

> 君不见前年雨雪行人断，城中居民风裂骭。
> 湿薪半束抱衾裯，日暮敲门无处换。
> 岂料山中有遗宝，磊落如䃜万车炭。
> 流膏迸液无人知，阵阵腥风自吹散。
> 根苗一发浩无际，万人鼓舞千人看。
> 投泥泼水愈光明，烁玉流金见精悍。

南山栗林渐可息，北山顽矿何劳锻。

为君铸作百炼刀，要斩长鲸为万段！

七月，黄河在澶州（今河南濮阳）曹村决口，南清河水量一夜暴涨，冲击徐州的城墙。城墙一倒，二十万人性命难保。这种突如其来的大洪水百年一遇，让苏轼遇上了。

灾情危急，苏轼反应迅速。他有两个大动作：一是严禁富户逃亡扰乱人心；二是亲入武卫营请禁军协助防洪。"河决曹村，泛于梁山泊，溢于南清河，汇于城下，涨不时泄，城将败，富民争出避水。轼曰：'富民出，民皆动摇，吾谁与守？吾在是，水决不能败城。'驱使复入。轼诣武卫营，呼卒长曰：'河将害城，事急矣，虽禁军且为我尽力。'卒长曰：'太守犹不避涂潦，吾侪小人，当效命。'率其徒持畚锸以出，筑东南长堤，首起戏马台，尾属于城。"

冲力巨大的洪水日夜冲击着南城墙，苏轼登城楼，眼望滔滔洪水，半个时辰不发一言。部属等他拿主意，倒不是因为他官最大。抗洪已逾六十天，苏轼成了全城军民无可争议的主心骨。他下令，调动几百艘公私船只，船中装沙袋，用缆绳放到城下，以缓解洪水冲力。这法奏效，万民欢呼。他指挥军民于险要处筑长堤，全长九百八十四丈，高一丈，阔两丈。堤成之日，距最大流量的洪峰到来只差两天。徐州城保住了。九月下旬，洪水归于黄河故道。

宋神宗闻奏大喜，下诏曰：

> 昨黄河水至徐州城下，汝亲率官吏，驱督兵夫，救护城壁，一城生齿并仓库庐舍，得免漂没之害，遂得完固事。……朕甚嘉之。

如果苏轼趁机邀功请赏，大谈抗洪的意义，强调他在紧要关头当机立断，那么皇帝会获取更多信息，给他更大的嘉奖。

然而东坡却说："水来非吾过，水去非吾功。"

庸官们叽叽喳喳：这个苏子瞻真不会做官。

金陵王安石闻之，叹曰："子瞻，人中龙矣。"

苏轼又要过一过建筑瘾了，上次在密州筑台，今番于徐州起楼，名之曰黄楼，取五行中土能克水的意思。盖楼所需的木材出自当地有名的"霸王厅"。这里供奉的是项羽，塑像造得凶神恶煞，足够吓人，看它一眼就心惊肉跳，当地百姓不敢不奉，因此香火旺盛。苏轼拆了霸王厅，一如当年他的爷爷砸烂眉山城骗钱的茅将军庙。楼成，苏轼率众举行盛大仪式，万人空巷争睹盛况，官民军民亲如一家。狂欢持续了三天三夜。

徐州城中，另有一座成名三百年的燕子楼。楼中有个关盼盼，是出了名的唐朝美女，诗也写得不错。她心爱的男人张建封死了，她独居燕子楼十年，后玉殒香消，从张建封于地下。这张建封系中唐高官,三州节度使,其一即为徐州。盼盼是他的爱妾。正当妙龄的盼盼十年不嫁人,并非她苦守贞洁,是爱情使然:曾经沧海难为水,除却巫山不是云。白居易是张建封的好朋友,张与盼盼的故事,就是白居易讲的,感动过不少人,燕子楼因之而大受凭吊。

苏轼为徐州知州,不登燕子楼就怪了。他流连再三,索性不归,住下了,夜里梦见盼盼,第二天诗兴大发,随手一挥,《永遇乐·彭城夜宿燕子楼》赫然面世。又是一首不朽之作,不录全文,心不甘也。

明月如霜,好风如水,清景无限。曲港跳鱼,圆荷泻露,寂寞无人见。紞如三鼓,铿然一叶,黯黯梦云惊断。夜茫茫、重寻无处,觉来小园行遍。

天涯倦客,山中归路,望断故园心眼。燕子楼空,佳人何在,空锁楼中燕。古今如梦,何曾梦觉,但有旧欢新怨。异时对、黄楼夜景,为余浩叹。

"燕子楼空,佳人何在,空锁楼中燕。"只三句,便说尽张建封事。后世文人玩赏不已,玩味词句,也玩味心情。苏轼与柳永、张先有别,他笔下涉及若干女人,却干干净净。所谓胸有万卷,笔无点尘。他在徐州写过另一首词,其中有一句:"十五年前,我是风流帅,花枝缺处留名字。"后秦观和之曰:"我曾从事风流府。"这一唱一和的颇有趣。读过大江东去,读过明月几时有,再读我是风流帅,着实有趣。其实风流帅之类说说而已,若要当真,则不妨读作:伟丈夫自真风流。把苏轼视作花间人物,同柳三变、张子野、晏几道等辈排列有序,那就是笑话了。

在徐州逍遥堂、枫叶庭,一个比关盼盼更美、更动人的少女,恋上了似乎对她不甚留意的苏子瞻。终于有一天,苏轼恍然大悟,为她写下长调《三部乐·美人如月》。

此事容后再表。

徐州美事多,忽有良朋自远方来:京城的王巩,于潜(今浙江杭州临安区)的诗酒和尚参寥子。此二人,一个是名相王旦之孙,张方平的女婿;另一个是云游四海的得道高僧。苏轼与他们朝夕盘桓,高兴得手舞足蹈……

兴奋趋于平静,艺术方来照面。春夏暖融融,苏轼祈雨、谢雨于城东二十里的石潭,得小词极品《浣溪沙·徐门石潭谢雨,道上作五首》。

事业的高峰联结着艺术的高峰。苏轼知密州,也是这样的情形。这蛮有趣,深藏着若干意味。为数众多的苏学专家们研究过吗?

苏轼到石潭祈雨,时在元丰元年(1078)的春天,徐州春旱,逾月不见一滴雨。苏轼祈雨之后,雨来了,随风潜入夜,润物细无声。到夏初,艳阳高照,麦子金黄。苏轼复到石潭谢雨,沿途所见已是一派相当喜人的丰收景象：

惭愧今年二麦丰，千畦细浪舞晴空，化工余力染天红。

苏轼这一组小词专写徐州的乡村。灾年变成了丰年，苏轼的欣喜可想而知。欣喜渗入了乡村风物……诗中并无旱灾的痕迹。若是今天某些邀功心切的基层官员，一定会带上一笔：干群齐努力，抗旱夺丰收。苏轼无意表功。诗词作为艺术，与述职报告毫无关系。诗人就是诗人，太守只是太守，两者并不胡乱掺和。

我个人太喜欢这组小词，忍不住要摘录：或摘句，或录全词，与读者诸君共赏。

旋抹红妆看使君，三三五五棘篱门，相排踏破茜罗裙。

乡村女孩儿急匆匆着裙抹妆，争看太守的模样跃然纸上。太守大人在干吗呢？众里寻他不见，他究竟在哪儿呢？原来他中途停下了，饶有兴致地端详一个醉老头："道逢醉叟卧黄昏。"醉老头翻起身盘腿而坐，冲着穿官服的男人打个招呼……

再看一首：

麻叶层层苘叶光，谁家煮茧一村香？隔篱娇语络丝娘。
垂白杖藜抬醉眼，捋青捣䴬软饥肠，问言豆叶几时黄？

太守又是哪般穿戴,怎生模样?

> 簌簌衣巾落枣花,村南村北响缲车,牛衣古柳卖黄瓜。
> 酒困路长惟欲睡,日高人渴漫思茶,敲门试问野人家。

哦,太守和咱们村的男女老少是一家人呢:

> 日暖桑麻光似泼,风来蒿艾气如薰,使君元是此中人。

五首《浣溪沙》读不够。它所呈现的乡村风物真实得如同身临其境。高度提炼的真实,随意涂抹的画面,都有这类效果。影像镜头显然难以企及,差得远呢!

顺便提一句,经典书籍的文化含金量百倍于影像作品。如果中国人的阅读量持续走低,那么民族的素质将如何走高?

有个叫周济的古人说:"东坡每事俱不十分用力。古文、书、画皆尔,词亦尔。"这话讲到点子上了,细品苏东坡,方知什么叫举重若轻,什么叫随意而为,什么又叫天纵大才、雄视古今。

小人难防

元丰二年（1079），苏轼迁湖州（今浙江湖州）知州。

苏轼这个人，郁闷的时候要写诗，高兴了又口不择言。五年做了两任知州，政绩斐然，如果他在下一个知州任上稍事谨慎，回京师登阁拜相几乎没有任何问题。十几年前宋仁宗讲过，他有宰辅之才。他动用一点官场智慧，稳扎稳打，做宰相的可能性很大。然而他个性太鲜明，压抑性情，伪装起来迂回前进，对他来说太难了。生命冲动冲到四十多岁，已是禀性难移。

苏轼赴湖州途中，按惯例写谢表。这种例行公文到他的笔下，竟然惹出大祸。

朝廷有一帮小人，一直在关注他。

其时王安石已经二度罢相，伤心回老家打发余年。王安石培养的新法接班人吕惠卿，为得宰相位反口咬他。双方斗争激烈，王安石的儿子王雱也卷进去了，结果是两败俱伤：王安石死了儿子，吕惠卿被贬出京师。

熙宁初年（1068），一群重臣为国家前途的原则之争，现在变成了利益之争。吕惠卿这种小人,在他当政时起用了一批小人,而小人繁殖力强,迅速占据要津,将势力扩大到朝廷各部门。

小人猛斗君子,小人又恶斗小人……

宋神宗对小人保持着警惕性。但是小人脸上并未写着"小人"二字,清除小人一向是令皇帝头疼的事。

苏轼惹祸,根源在沈括。

继汉代张衡之后,沈括是正史有传的科学家,《梦溪笔谈》的作者,堪称北宋一位百科全书式的人物。但沈括是官场小人,道德败坏。他曾攀附王安石,王安石却一眼看透他,对神宗说:"沈括壬人,不可亲近。"及至安石罢相,他马上诋毁新法,被神宗识破,贬出去了。

沈括的袖筒里时常藏着不止一封密信,他是告密的专家,是告密者的"好榜样"。几年前他从杭州带走了苏轼的诗集,回汴梁仔细研究,写成报告呈给监察部门,称苏轼"词皆讪怼"、恶意攻击朝廷的新法。沈括此举是希望在王安石跟前立一大功,可他没想到,王安石根本不予理睬。

这件事在朝廷影响不小,苏轼辗转为官也曾听说,没往心里去。

事过几年,御史台的四个小人拾起沈括的伎俩向苏轼发难。

《湖州谢上表》有两句话,令这帮小人蹦起来了。

苏轼对神宗说:"知其愚不适时,难以追陪新进;察其老不生事，或能牧养小民。"

信手一笔讽刺朝廷的"新进"，祸惹大了。追陪新进，指入京与新进共事。牧养小民，指知州牧养一方。汉代的州官称牧。老不生事，则暗讽新进的官僚们生事扰民。

四个新进小人宋史留名：李定、舒亶、张璪、何正臣。中间两个还是苏轼的朋友、同窗。当初沈括到杭州，也是同苏轼称兄道弟，却心怀叵测，带走了苏轼的诗集。

李定曾以大逆不孝"知名"于天下，司马光斥之为禽兽，舆论沸腾，苏轼也曾写诗谴责，而李定忍气吞声，咬牙写下日后加以报复的黑名单。

舒亶则是大有来头的小人，礼部考试曾拿了第一名，一生诗文有百卷之多。他和沈括一样，是知识渊博、才华出众的小人。

宋史，尤其宋人笔记，关于这四个人的所作所为讲了很多。

现在他们研究苏轼，陷害苏轼，围剿苏轼。

能量大的官场小人，一般都有丰富的斗争经验，不会轻易发动攻击。一旦展开攻势，必有几分胜算。

历史上的小人总是活蹦乱跳，谁来写一部"小人史"呢？

何正臣首先发难，李定唱压轴戏。以果断著称的宋神宗被他们弄得晕头转向。何正臣说苏轼"愚弄朝廷，妄自尊大，……道路之人，则以为一有水旱之灾，盗贼之变，轼必倡言，归咎新法……"

神宗正疑惑，舒亶上札子称："臣伏见知湖州苏轼，近谢上表，有讥切时事之言。流俗翕然，争相传诵；忠义之士，无不愤惋……"

担任御史中丞的李定给苏轼最后一击，他写道："臣切见知湖州苏轼，初无学术，滥得时名，偶中异科，遂叨儒馆。……臣切谓，轼有可废之罪四……"

李定列出的四条罪状均属言论罪，而赵宋立国百余年，对言论的管控是比较宽松的。宋神宗终于让御史台的言论搅昏了，感到苏轼问题严重，下令查办。

张璪是刑讯逼供的好手，数兴大狱，手段残忍。他负责苏轼的案子。

李定派一个叫皇甫僎的人星夜赶往湖州拿人。

苏轼五月到湖州任上，眼下是七月下旬的一天，他在官府后院晾晒亡友文同的书画。文同是去年病故的，英年早逝，苏轼三天三夜不能睡觉。文同以墨竹称雄当世，苏轼、米芾、黄庭坚等为之折服。苏轼画竹，据说得文同真传。

苏轼黯然铺开文同的遗作……

忽闻前厅响起急促的脚步声。皇甫僎到了。

皇甫僎，太常博士，区区一冷官，对谁都要点头哈腰之辈。现在，他自告奋勇跳出来捉拿苏轼，先拿腔调。苏轼这样的高官兼名流，落到他手上，他是不会轻易带走的。他持笏立于官厅的中央，脸色铁青，一派威严，官服下面有物凸出，很像匕首。两个全副武装的台卒目光凶狠。苏轼心里没底,颇惶恐。二十余口家人瑟瑟躲在屏风后。整个场景像精心导演的一出戏。

皇甫僎玩够了苏轼才宣读诏令,原来不那么严重,罪不至死。

这皇甫僎一生都为这件赴湖州拿苏轼的"美差"自鸣得意,事实上他也的确"永载史册"了。宋人笔记说,皇甫僎"拿一太守,如捉小鸡"。

押解苏轼的官船行至太湖鲈香亭下,停泊修舵。夜里,皇甫僎并一帮台卒在吃酒喧闹。舱外浪高,苏轼寻思投湖。北宋不杀大臣,苏轼何以寻死?他思前想后,意识到朝廷那些人绝不是单单冲着他,许多高官和朋友都是打击对象。士大夫连累朋友,情何以堪?可这五花大绑的,一路受侮辱,"士可杀而不可辱"。

从苏轼在官厅被抓的那一刻起,死亡意识便来纠缠。船行扬子江上,月黑风高,苏轼寻思投江。转思亲爱的弟弟,他的心软了,提不起纵身一跃的劲头。子瞻死,子由不独生。

扬州知州鲜于侁,欲登船见苏轼,被皇甫僎喝退于江边。鲜于侁归衙门,下属劝他赶紧烧掉与苏轼的往来信件,他说:"欺君负友,吾不忍为。"

苏轼的二十余口家眷在另一条船上,忽然船停了,大批武装士卒冲上船,搜取罪臣证据。夫人王闰之顿时号啕,乳娘任采莲六神无主。

苏东坡后来有《黄州上文潞公书》:"轼始就逮赴狱,有一子稍长,徒步相随。其余守舍,皆妇女幼稚。至宿州,御史符下,就家取文书。州郡望风,遣吏发卒,围船搜取,老幼几怖死。既去,妇女恚骂曰:'是好著书,书成何所得,而怖我如此!'悉取烧之。比事定,重复寻理,十亡其七八矣。"

恚骂的妇人不止一个,显然是夫人带头骂,乳娘或从之。除了这两位,谁敢骂且烧呢?文稿、书信,也许还有珍藏的书画,"悉取烧之"。苏轼痛惜不已,才给文彦博写这封信。

写书有什么用呢?

可惜了,王闰之一把火,烧掉多少国宝。许多人猜测,余下的小部分文稿及书画,是王朝云给藏起来了,她挺身护宝,冒犯夫人却为了亲爱的子瞻。此间她十七八岁,早已长成亭亭玉立的美少女。徐州逍遥堂中她初为苏轼的侍妾,红颜生动,浓情如酒。情思饱满的苏轼为她写下长调《三部乐·美人如月》:"美人如月,乍见掩暮云,更增妍绝。算应无恨,安用阴晴圆缺?娇甚空只成愁,待下床又懒,未语先咽。数日不来,落尽一庭红叶……"

王朝云字子霞,钱塘人氏,十二岁进入苏家,受到良好的熏陶,出落成佳丽般的俏女郎。她的性格是比较激烈的,爱起来如火如荼。子瞻与子霞,俨然天造地设的一对情侣。从徐州到湖州,二人腻着呢!

闰之夫人也不大吃醋。当然,她接受美艳逼人、天资又好的王朝云有个过程。

曹雪芹写《红楼梦》，赞美过王朝云。

除了琴棋歌舞，如今朝云的书法也大有长进了。跟随苏轼已六年，朝云有三向：向学，向美，向善。

身陷乌台

史载御史台有百余棵古柏树，栖息数千只乌鸦，因此被称为"乌台"。乌台也含有黑狱的意思。每日黄昏时分，乌鸦乱叫，遮天蔽日。开封人过乌台，往往要避开几里地。

苏轼被关押在乌台，牢房像一口深井，凹凸的四壁阴暗潮湿。各种虫子顺着天窗爬下来、飞进来。偶有乌鸦扑食虫子，翅膀折断落入牢房，垂死的小眼睛紧盯待死之人。

活得天宽地阔的男人，忽然坠入深井。深井直通地狱吗？

疲劳审讯。诟辱通宵。狱吏扑打。幽闭窒息。乌鸦惊魂，噩梦惊魂……

关在隔壁的开封府尹苏子容写道："却怜北户吴兴守，诟辱通宵不忍闻。"

辱，不仅是言语侮辱。苏轼说："狱吏稍见侵，自度不能堪。"看来他不禁打，一打要呻吟，毕竟半辈子养尊处优，从未想过要受皮肉之苦。士大夫的尊严，大诗人的骄傲，为父为爷爷的面容，一夜间被"囚犯"二字收去。

英气勃勃的面孔，忽如苦难雕塑。不知道入狱的前些日子他是怎么熬过来的。他本人终生不讲。不堪回首。

1079年，赵宋立国一百二十年，苏东坡遭遇宋代第一次文字狱。

李定绞尽脑汁罗织苏轼的罪名，不分昼夜地研究苏轼写下的每一个字。朝中大臣，地方官吏，凡与苏轼有书信往还的，一律派人取证。案子闹得很大。李定是右相王珪的人，王珪在神宗面前力诋苏轼。案件牵涉二十余人，其中有范镇、司马光、张方平这些熙宁新法的强有力的反对者。"乌台诗案"的性质昭然若揭：这是明目张胆的政治陷害。驸马王诜是苏轼的好朋友，他送给苏轼的茶、药、纸、墨、砚、一张鲨鱼皮、一款紫茸毡……皆成物证。连苏轼托王诜裱画三十六轴没付钱，都成了一桩罪名。

一次又一次的提审，惊起乌鸦，叫声凄厉。

案子不顺手时，小人就暴跳如雷，扑打苏轼。

我真不忍，细节的描述到此为止吧！

小人丧心病狂，而牢狱之外的"救苏运动"也在紧锣密鼓地进行着。苏辙上书皇帝，愿以在官之身换取兄长的平安，言辞非常谨慎，生怕触怒皇帝，对哥哥罪加一等。以太子少师致仕的张方平，居金陵，派儿子张恕急速进京，直奔登闻鼓院投书。书中慷慨激昂，称苏轼一代奇才。岂知那张恕胆小，徘徊半天不敢投。不过，这倒是件好事：以神宗的刚强性格，看了张方平的上书，很可能反而对苏轼不利。苏轼这样的奇才竟然下狱？这不是指责皇帝是昏君吗?张恕不敢投书,正是担心这个。

以户部侍郎致仕的范镇,亦不顾家人的反对,毅然上书皇帝,乞免苏轼一死。

形势朝着有利的方向发展,苏轼免死罪似乎已成定局。李定、舒亶大为恐慌:苏轼今日不死,将来必成大患。舒亶狗急跳墙,竟上奏折,要把收受过苏轼讥讽文字的大臣全杀掉。他派人到杭州,取回了苏轼咏双桧的诗稿,其中有两句:"根到九泉无曲处,世间惟有蛰龙知。"他如获至宝,急忙呈送主子王珪。

王珪拿着诗稿对神宗说:"苏轼确有不臣之意。"

神宗问:"何以见得?"

王珪说:"陛下犹如飞龙在天,苏轼公然声称与陛下合不来,反求知音于地底之蛰龙。"

神宗说:"不能这么比附吧!他自咏桧,干朕何事?"

王珪还想申辩,一旁的章惇开口了:"如此解读诗文,恐怕人人都有罪。"

二人退朝时,章惇质问王珪:"你想害死苏轼全家吗?"

王珪涨红了脸,搪塞道:"这是舒亶讲的。"

章惇站在宫殿外的台阶上大叫:"舒亶的口水你也想吃吗?"

章惇此间尚未恶性膨胀。日后方与苏轼纠缠不休……

舒亶献诗失败了,右相王珪还在神宗跟前碰了一鼻子灰,并遭章惇一顿臭骂。北宋政坛蛮有意思,论官职,章惇比王珪差了几级,却能当众骂宰相,令这位政府首脑落荒而逃。

李定为苏轼诗案的主审官。有一天上朝,他拦着王安石的弟弟王安礼,警告说:苏轼反对你大哥,你可不能替他说话。王安礼拂袖而去,在神宗御座前为苏轼讲了很多好话。李定恼怒,却又不敢惹这个大丞相的弟弟。

又有一天,李定在朝堂环视群臣说:"苏轼真是个奇才,十几年来写下的东西,记得分毫不差!"群臣无人接话,不知李定说这个是什么意思。

小人是常常叫人弄不懂、猜不透的。

"乌台诗案"牵动四方,杭州、徐州、密州的百姓纷纷为苏轼祈祷。后宫内,太皇太后曹氏、太后高氏都为苏轼求情。曹氏病重,神宗欲大赦天下为祖母消灾求寿,曹氏说:你也不用大赦天下,只放了苏轼一人就够了。

李定、舒亶、王珪发动最后的舆论攻势,不择手段,对大臣们或裹挟或威胁,朝野刮起攻讦苏轼的旋风。宋神宗又举棋不定了。

张璪则对囚犯苏轼封锁外面的消息,每日恫吓,如追问苏轼祖上五代。按宋律,只有死刑犯才追问五代,苏轼自忖性命难保,藏下平时按量服用的青金丹,准备吞金而亡。偏偏有一天,他收到一个死亡信号:送饭的人送来了一条鱼。入狱前他与长子苏迈曾有约定:送鱼意味着难逃死罪。

苏轼万念俱灰了,听古柏上的大小乌鸦呱呱叫,辗转不眠。思前想后,他格外怀念弟弟苏辙,凄然写诗:"圣主如天万物春，小臣愚暗自亡身。百年未满先偿债，十口无归更累人。是处青山可埋骨，他年夜雨独伤神。与君世世为兄弟，更结人间未了因。"

这已经是一首绝命诗了，一家十余口托付给弟弟。论表达兄弟情，这可能是人间最感人的诗。后来高太后读到此诗，泪如雨下。

其实送鱼的人不知情，送错了。那一天苏迈有事，委托他人探监，忘了叮嘱他。苏轼受煎熬，却写下千古诗篇。

神宗为苏轼的案子十分头疼，宋朝历来重视言官，御史台的言官们群攻苏轼，他不能不慎重考虑。怎么办呢？他想了很久，想出一个主意，派一小太监潜至乌台，观察苏轼的动静。几天后太监回宫报告：苏轼夜里睡觉，大抵鼾声如雷。

皇帝一拍大腿：看来苏子瞻心中坦荡，并未藏奸嘛！

这时候，一个关键人物出来讲话了。派往金陵的使者带回王安石手书的一句话，皇帝拆简急视之。介甫的行草字跃入皇帝的眼睛："安有圣世而杀才士乎？"

"圣世"二字触动了宋神宗。

近四个月以来，多少人为苏轼讲了多少话，而王安石只一句，直抵皇帝隐秘心思。

一锤定音。

乌台诗案结案：苏轼以团练副使贬黄州，不得签书公事。驸马王诜最惨，褫夺一切官爵；其次是王巩，发配西南；苏辙受牵连被降职。涉及此案的司马光、张方平、范镇等人各罚铜三十斤、二十斤不等。

从案发到结案历时一百二十多天，爱戴苏轼者喜极流泪，一帮小人向隅而泣……当时就有《乌台诗案》一书刊行于世，可见影响之大。

赵宋立国以来，这是第一次震动朝野的文字狱。整个过程像一部大戏，一波三折，悬念高潮迭起，各色人等活跃，而本书限于篇幅还省略不少。

几千年历史本身够精彩了，眼下历史剧的作者们，如果按下浮躁多读几本书，想必不至于老是感叹题材雷同、角色撞车吧？

元丰三年（1080）正月，偌大汴梁城家家户户响起爆竹声。苏轼和苏迈黯然出城。因是罪臣，御史台的台卒押解苏轼前往贬所。

入狱一百三十天，满天雪花飘着无尽的忧伤。"忧端齐终南，澒洞不可掇"。（杜甫诗，澒洞：广大貌。）

活过来了，能与家人团聚了，情绪反而低落。走出死亡阴影的第一站，心境呈灰色。以前那个顶天立地的男人正面临自毁之势。仗义执言不好，三缄其口才好。

打入"乌台"是个惨痛教训，害己，害朋友，连累家人。

苏轼心痛、内疚。沮丧之后还是沮丧，望不到头。许多人的祸端才刚刚开始。

"畏蛇不下榻,睡足吾何求。"

这是自弃深入骨髓的价值观。当初他何等激昂,《上皇帝书》:"言及乘舆,则天子改容;事关廊庙,则宰相待罪。"现在的罪臣要把自己连根拔起:"平生文字为吾累,此去声名不厌低。"

"贤良方正,直言极谏"八个字要抹去才好,从此以后变成另外一个人。不是愧对范仲淹,而是远离范仲淹。范公也有八个字:"宁鸣而死,不默而生。"

遗传基因与文化基因到哪儿去了?不堪回首,不敢回首。路上的习惯动作是抱紧自己的头。七尺男儿弱不禁风。

心比雪冷,一腔热血降到冰点。"痛苦把人变成石头",石头不复有痛苦。

贬途中过陈州,苏轼料理亡友文同的后事,留陈州十天。苏辙从南都(今河南商丘)来,兄弟俩共同想办法凑银子。文同棺木归葬蜀中,长途跋涉,花费很大。这位绰号"笑笑先生"的高官兼大画家身后凄凉,全家二十几口,钱粮无算,借贷无门。苏轼拼着一张罪臣脸,东敲门西苦候,踏着厚厚的积雪辗转四方,为亡友凑银子。

文同不入土,苏轼心不安。

文与可的灵柩殡于陈州寺庙一年了。如果苏轼不去,归葬盐亭将遥遥无期。

苏轼最得意时,文与可亡,大恸连日;最倒霉的时候,为文同后事艰难奔走。

鲁迅在上海为瞿秋白编遗稿，不顾病躯，呕心沥血，就像先生在《白莽作〈孩儿塔〉序》中所写："收存亡友的遗文真如捏着一团火，常要觉得寝食不安，给它企图流布的。"

活着，就是怀念着。有怀念，逝者安眠。

今日出此语，盖因感慨太多。旷日持久的利益算计导致冷漠为常态，薄情为时尚。"算计型思维在最不需要算计的地方统治得最为顽固。"（海德格尔）

生活大师

元丰三年（1080）二月初，苏轼抵达黄州。罪臣打量放逐之地，下笔却几乎欣欣然，这有些奇怪，情绪忽低忽高。看来，人在挣扎。

自笑平生为口忙，老来事业转荒唐。
长江绕郭知鱼美，好竹连山觉笋香。
逐客不妨员外置，诗人例作水曹郎。
只惭无补丝毫事，尚费官家压酒囊。

首先关注吃的问题。"先生食饱无一事，散步逍遥自扪腹。不问人家与僧舍，拄杖敲门看修竹。"

孔子曰："君子忧道不忧贫。"苏东坡年少时，"奋厉有当世志"。书生意气，要担当这个世界；如今但求一饱，类似黄州满山跑的猪。苏轼写信对章惇说："黄州僻陋多雨，气象昏昏也。鱼稻薪炭颇贱，甚与穷者相宜。然轼平生未尝作活计，子厚所知之。俸入所得，随手辄尽。而子由有七女，债负山积，贱累皆在渠处，未知何日到此。见寓僧舍，布衣蔬食，随僧一餐，差为简便……"

苏轼被贬黄州，照例上谢表，语气和《湖州谢上表》不同了，但毫无乞怜之态。"乌台"的折磨，贬所的荒远，一路上还有御史台的台卒押着，从三州知州一变而为戴罪之身。普通人很难承受这个。

巨大的精神压力，谁能处之泰然？苏轼给皇帝上谢表，不卑不亢："伏念臣早缘科第，误忝缙绅……亦尝召对便殿，考其所学之言；试守三州，观其所行之实……"罪臣上表，并不回避讲自己的才学和实干，至于神宗看了谢表会怎么想，他也不去计较。这些通常容易被忽略的地方，却能说明苏轼过人的勇气。以他个体生命之强悍、意志之坚韧、举止之平和，古今人类罕见。——黄州可谓见证的开端。

黄州在大江之滨，地势高低不平。

被贬黄州三个月，苏轼寓居定惠院。宋代的寺庙是官产，方丈由官方任命。

在定惠院，大和尚、小沙弥都离他远远的。日复一日，没人理他。定惠院的方丈未能在史册中留下名字，看来他与苏轼形同陌路。

苏轼管紧自己的嘴巴："默归毋多谈，此理观要熟。"而转身向自然，向审美，需要时间。

文豪的转身，真是叫人叹为观止。

苏轼念佛并不吃斋，一切随缘又随意。北宋两大高僧佛印和参寥子是他的好朋友，他们互相影响，留下许多妙趣横生的掌故。他沐浴梳头皆有讲究，比如梳头，早晨怎么个梳法，中午怎么个梳法；他还研究梳头与睡眠的关系，兴致勃勃地向别人推广他的成功经验。他攀峭壁采药、尝百草，著医书，后人将其所撰的《苏学士方》与沈括所撰的《良方》合编为《苏沈良方》。他的烹调手艺更不一般，将孔圣人的教导抛在脑后，君子不妨近庖厨，发明的美味佳肴数不清，今日尚有"东坡肘子""东坡鱼""东坡肉""东坡羹""东坡泡菜""东坡环饼"……

苏轼还收集沙滩上的小石头，或因形状，或由色泽。他在黄州收获颇丰，共计二百九十八枚"细石"，列于铜盆之中，名曰"怪石供"。他琢磨两处私家园林，不厌其烦地给人家提意见。他和渔夫、樵父打成一片，软泡硬磨要听父老讲故事，村里家家户户的大事小情他听不够，还想听祖祖辈辈传下的鬼故事……荆楚大地鬼魅多多，有屈原的作品为证。

一个人如果既有经天纬地之才，又能醉心于周遭，纵情于生活，那他就跟神仙相差无几了。东坡生前已被人呼为"坡仙"。

古代人杰，如嵇康、葛洪、李白，苦苦寻仙不得一见，身上却有了仙气。这挺有意思。可惜近现代，仙气或神性在生活中消失殆尽。西方哲人界定为"祛魅"，希望人类有朝一日能"返魅"。也许五十年，也许一百年，人类将收敛狂妄自大，遏制大面积的自私与贪婪，重新回到敬畏天地的良好心态中。否则，麻烦大了。

大地已经不等人了，大地的命运将是所有人的命运……

生活的智慧，现代人需要学习的东西太多太多。回头看看苏东坡这位全景式的生活大师，方知我们有多么单调、贫乏、浮躁、狂妄。

人间万事，没有什么东西可以宣称比生活更重要。生活的意蕴层由若干核心元素构成，包括苏轼强调的风俗、道德。行文至此，我们要加上神性、诗意、日常趣味、个体差异。金钱或物质基础乃是题中应有之意。种种核心元素，去掉任何一个，生活就要出问题；去掉一半，生活将面目全非。而放大其中的某个元素，后果同样堪忧。

"物质"跑出很远了，"精神"当奋起直追。说到底，人之为人，除了精气神，余下还有什么呢？

前面曾提到，苏东坡比现代人更现代，可能不无道理吧？在苏东坡的身上，承载了多少人类的普世价值呢？

中国的文化先贤们对自然取审美姿态，对生活取质朴态度，崇尚道德，抑制自私与贪婪，而这些恰恰是近现代以来西方国家所缺失的。华夏五千多年文明，蕴含着正能量充足的普世价值。

文明的碰撞正趋于白热化，未来几十年或可见分晓。自私与贪婪所挟裹的一切风暴将亮出它的边界。

我时常在想：胡塞尔为什么要创建"生活世界现象学"以平衡技术世界的贫乏？那么多现当代的西方人文大师，对西方式的疯狂扩张展开了批判。

据我所知，日本人、韩国人特别崇拜苏东坡。一般公司职员，因竞争激烈而易犯心胸狭窄的毛病，比如从高级主管降到中级主管，人就受不了。学习苏东坡，心胸就会为之一变。

苏轼初到黄州，其实内心也很孤独。黄州知州徐君猷待他好，却仅限于为他安排居所，接触甚少，日常宴饮更谈不上。毕竟他是罪臣。《答李端叔书》说："得罪以来，深自闭塞，扁舟草履，放浪山水间，与樵渔杂处，往往为醉人所推骂。辄自喜渐不为人识，平生亲友，无一字见及，有书与之亦不答，自幸庶几免矣。"

乡野小店喝点劣酒，常被醉汉推骂，苏轼反而感到高兴。推几下、骂几句，可比京城那帮小人的持续围攻好受多了。混迹于民间多好。苏轼从这样的角度感受事物，看似寻常，其实非凡。这才叫修炼。亲友躲着他，"有书与之亦不答"，他很不舒服，但字里行间的痛苦隐而不彰。这叫高贵。

苏轼研磨孤独，试图从孤寂中提取生命的能量。历代高僧都有这能耐。城郊有座安国寺，他常去焚香静坐，眼观鼻、鼻观心，物我两忘，"表里翛然"，得垢秽尽去之乐。然而生命的律动不可休止。他写信给朋友说："若世之君子，所谓超然玄悟者，仆不识也。"古人书信，自谦称仆。

苏轼之向佛，重两点：静与善。动辄得咎，退而为静，静又反观生命的律动，以期重新跃入生活的激流。所以海德格尔《存在与时间》说："静是动的变式。"没有纯粹的静观。苏轼求僧问道几十载，始终是静寂与律动的两栖者，他的努力方向，就是把异质性的东西集于一身。他的成功在路上，因为没有终点可言。毋宁说他像个钟摆，摆荡于生命的两极之间，他赢得了这个"之间"，赢得了"永动"。

苏轼多欲而向善，既是反求诸己、三省吾身的结果，又取决于他对"恶"的领域的深广体验。不知恶，焉知善？

有趣的是，苏轼始终相信善的地盘更大一些。犹如佛法无边，能使恶魔皈依。

顺便提一句，某些学者常把儒释道挂在嘴边，像一贴万灵膏药。学者教授图省事，开口闭口都说儒释道……针对历史文化，这类极易流于空泛的词还是少用为好。

思想需要细心。

灵感缪斯

黄州时期的苏东坡,创作如此之丰,辞赋如此出色,名篇、名帖、名画、名著、名尺牍一大堆,其中一大因素是热恋。后一步到黄州的王朝云,携同这里的山水,让苏东坡艺术受孕。可惜教科书不谈这个。但是,总有一天会加入注释与解读。理解人性,最需深入。唐诗宋词背后,显而易见有个"红颜贡献率"的问题,这个问题不应该回避——学者们避之唯恐不及,形成所谓"集体潜意识"。

元丰三年(1080)五月二十七日,苏辙携带哥哥的家眷抵达黄州。苏轼迫不及待地到江边去迎接,江上连日大风,船不能过来。苏轼耐心等候,等出了一首证史之诗:"去年御史府,举动触四壁。幽幽百尺井,仰天无一席。……余生复何幸,乐事有今日。"

乐事来了,人精神了,有心劲了,方能回首去年的"乌台"悲惨事。

闻之夫人垂泪对夫君。她不该烧文稿，毁掉丈夫多年的心血和珍藏的书画。她用锥子刺手，苏轼把锥子拿开。日近黄昏，王闰之怔怔的。苏轼凭窗默坐，良久无一语。文同的墨竹也烧了几幅……从厨房到书房究竟有多远呢？苏轼掠过一念。文之化人，化不了眼前人。孔夫子化不了丌官氏。没办法。多念夫人的好吧！

暮色四合，月亮初转轮，苏轼牵了小孙儿朝江边走，把孙儿架到肩上。少顷，苏迈、苏迟拉着苏迨、苏过、苏远，还有几个手牵手的女孩子（苏辙的女儿们），冲开暮色，颠颠地奔来。

真好啊，江边月下的苏东坡热泪盈眶。

大半年离别恍如隔世。

此间再见王朝云，她举止曼妙，艳光四射。十几年后她三十多岁了，苏轼还写词赞美她的容貌："素面翻嫌粉涴，洗妆不褪唇红。"雪白的肤色，鲜红的嘴唇，天生丽质无须打扮。她是在文豪身边绽放的一朵鲜花。苏轼志存高远，性情豁达豪放，本"不昵妇人"，却与王朝云两情缱绻，阴阳调畅。他滋润了这朵鲜花，鲜花又催生了他的艺术灵感。黄州是苏轼创作的"井喷期"，佳作有如钱塘江的潮水一浪赶一浪，依我看有两个因素：一是苦难中朝着自然与审美的转身；二是佳人的爱情热烈又绵长。

政治理想跌入低谷，却有美神、爱神携手而来。

对此深有体验的歌德曾说：美好的女性，导引我们向前。

还有一桩乐事：鄂州（今湖北武汉）知州朱寿昌为苏轼游说，求得一居处临皋亭，以安顿即将到来的一家老小。临皋亭是官舍，罪臣住进去，全靠朱寿昌。新居不算宽敞，但周遭风景甚好，与武昌城隔江相望。苏轼在《与范子丰》中说："临皋亭下不数十步，便是大江，其半是峨眉雪水，吾饮食沐浴皆取焉，何必归乡哉！江山风月，本无常主，闲者便是主人。"

这段话有意思。苏轼念念不忘家乡，才会安慰自己说：何必归乡哉！江水半是峨眉雪水，而家乡眉山几乎就在峨眉山下。谁是江山风月的常主呢？苏轼说是闲人。闲人又是什么人呢？显然不是无所事事的人。忙于政务是忙人，身处江山是闲人，但苏轼的闲，不如说是另一种忙碌。他忙着生活，忙着静观天地万物的律动，应对纷至沓来的灵感。这忙，却不是追名逐利的匆匆忙忙。人的眼睛一味去盯功利，视野、胸怀会收缩，享受生命的能力会降低。这是一条铁律。苏轼提供了相反的，也许是最具说服力的例证。

生活远比功利宽广。生活的完整性比什么都重要。

王朝云青春烂漫，而苏轼差不多十年前就自称老夫了。他俩年龄相差二十余岁，就一般观念而言，年龄是有点悬殊了。但苏轼这样的男人情况特殊，他是越活越精神。何况朝云初入苏家，便是苏家的人了，她没有什么需要去克服的心理障碍。苏轼称赞她"敏而好义"，可见她是机敏的女孩子，潜心学习，琢磨生活，对环绕着苏轼的家庭氛围很敏感。她和王闰之处得比较融洽。王闰之不大吃醋，估计是朝云努力的一种结果。苏轼此间表扬老婆的诗句"妻却差贤胜敬通"则可能含有鼓励的意思，希望老婆继续大度，不要学汉朝冯敬通的著名悍妻。

也许在徐州逍遥堂、枫叶庭，曾经有过一场微妙的三人舞，慢慢过渡到双人舞。

黄州，是双人舞的高潮。

在黄州近五年，是苏东坡的艺术灵感井喷期，佳作如潮水。王朝云对苏东坡的灵感贡献是很大的，但学者们很少提及，更别说睁眼细看。这很可惜。苏辙为苏轼撰写墓志铭，只字不提为苏轼生过孩子并与苏轼共患难的王朝云，令人不是滋味。

本书要破一破这个僵化的格局。

苏轼居黄州的诗文书简几乎不提儿女私情。这与西方诗人不一样。文人士大夫讳言家中事，碰上炽烈的爱情也要按捺着，而西方诗人马上就要大写特写。因此西方爱情诗多，有些诗人一生歌唱爱情。礼教对情感有严格的约束，放大忠义孝悌，抑制男欢女爱，豪迈如苏轼，此间也不免。士大夫抒写的男女情，一般都是宴乐游冶，官妓们唱主角。男女很不平等，一对一的爱情体验付之阙如。

坚实的、自由的、大面积的个体成长艰难。就杰出的士人而言，拥有民本社会的理想诚然宝贵，但缺了人本，民本难免脆弱。民本需要人本所提供的强大支撑。

苏轼和王朝云在黄州的爱情细节，我们现在看不清。这"看不清"却呈报出了某种东西——历史的隐匿。

不便张扬的爱情令苏轼激动。对他来说，升华欲望却不难。黄州五年，他留给后世的艺术瑰宝真是数不过来呢！

后来在常州，在汴梁，在岭南惠州，他为王朝云写下许多诗词，发出了惊世骇俗的爱情誓言："佳人相见一千年！"贬惠州，他为朝云过生日："万户春风为子寿，坐看沧海起扬尘。"苏东坡要爱到沧海桑田、地老天荒。

> 大江东去，浪淘尽，千古风流人物。故垒西边，人道是、三国周郎赤壁。乱石崩云，惊涛裂岸，卷起千堆雪。江山如画，一时多少豪杰。
>
> 遥想公瑾当年，小乔初嫁了，雄姿英发。羽扇纶巾，谈笑间、樯橹灰飞烟灭。故国神游，多情应笑我，早生华发。人生如梦，一尊还酹江月。

这首《念奴娇·赤壁怀古》，豪放词中推第一。它透出波澜壮阔的历史感。历代大文人，历史感是必备的东西。目光不能穿越数百年，焉能写出好作品？即便写眼下，写周遭，没有宏阔视野的参照，肯定挡不住小情绪、小感觉，它们争先恐后要出来，如时下国内那些号称美文的刊物印刷品。"小"所呈现的价值从来就不是小本身，当是"大的小"……

三苏父子当年在老家眉山的书房"南轩"，读得最多的可能是史籍。苏轼被贬黄州，还把几十万言的《汉书》抄了一遍。抄书是他的读书方法之一。书法那么好，和抄书亦有关吧？抄书的时候意在别处，性情反而容易直泻笔端。苏轼的书法珍品如《寒食帖》，是他随意而为的巅峰之作。

苏辙在《亡兄子瞻端明墓志铭》中说苏轼"幼而好书，老而不倦"。苏轼自述："诗不求工字不奇，天真烂漫是吾师。"

好个天真烂漫！为人、为官、为艺术，苏轼皆随意。"随意"是他生命中的关键词，却始终伴随着逆境中的修炼，犹如陶渊明的浑身静穆、杜甫的沉郁顿挫、李白的自由奔放、李清照的寻寻觅觅、鲁迅的"出离愤怒"……这类大境界，学是学不来的。

另外，苏轼在《念奴娇·赤壁怀古》中讲小乔初嫁了，周郎雄姿英发，这话耐人寻味。莫非小乔不嫁，周郎英姿就不勃发？苏轼目注大江东去，感慨江山如画，忽然转笔写小乔，心中有爱侣王朝云的影子吗？我想，多半是有的吧！这一点前人没讲过，聊备一说。

诗文书画，浑然天成

历史感通向人生思索，前后《赤壁赋》是思索的产物。茫茫大江之上，一轮明月照着沉思的苏轼。前赋云："壬戌之秋，七月既望，苏子与客泛舟游于赤壁之下。……少焉，月出于东山之上，徘徊于斗牛之间。白露横江，水光接天。纵一苇之所如，凌万顷之茫然……"

画面如此动人，沉思又指向何处？

"寄蜉蝣于天地，渺沧海之一粟。哀吾生之须臾，羡长江之无穷。挟飞仙以遨游，抱明月而长终。"

这里，庄子浮出水面了。

古代文人的思考一般都会碰上老庄。老庄玄奥，苏轼的思考却紧贴自然与人事。他探讨《易经》的学术著作《易传》也是"切于人事"。他不是哲学家，却是思想者。他对生活、历史、自然充满了哲思。他的思考是洞见式的、点点滴滴的，既有对宏观的把握，又有对微观的进入。而他出色的汉语表达，让思绪显得清晰、优美。

"且夫天地之间，物各有主，苟非吾之所有，虽一毫而莫取。惟江上之清风，与山间之明月，耳得之而为声，目遇之而成色，取之无禁，用之不竭，是造物者之无尽藏也，而吾与子之所共适。"

造物者赐予人类无尽的宝藏。苏轼若能看到他身后的一千年，会吃惊地发现，宝藏原来有限，禁不起人类折腾。霍金先生忧虑：人类剩下的时间可能不足两百年。我们对此，真是无话可说。中国的农耕文明至少延续了七千年。

齐万物，等生死，同荣辱忧乐……苏轼与庄子相隔千年而互为知音。哲人迈向虚无的身形何其潇洒。虚无涵盖一切，包括积极进取。这里有一种宇宙式的乐观主义，容积无限大。今之学人动不动就斥为消极，是因为他们无力洞察虚无。褒扬它的艺术性，批评它的思想性——类似的二分法，在中国古典文学的研究中随处可见：把思想视为现成在手的东西，摆出一劳永逸的权威性，今天敲敲这个，明天打打那个。生活中苦苦追问的思想者，在一片敲打声中自动隐匿。然而思考若有效，总会获得重新出场的契机。

赋体散文，《前赤壁赋》是巅峰之作。

中国文化的源流到苏轼这儿，呈现出逼近天然的融合之势。

《后赤壁赋》写自然的神秘。苏轼过生日，偕同两个客人再游赤壁。"江流有声，断岸千尺，山高月小，水落石出"。苏轼独自攀上危险的峭壁，"二客不能从焉"。二客中的一客，即前赋中的那位"吹洞箫者"。据学者考证，他名叫杨世昌，苏轼的老乡，四川绵竹人，有名的道士。杨世昌闲云野鹤般自由，又体魄强健，无论寒暑晴雨，"泥行露宿"满不在乎。然而这位杨世昌爬悬崖、攀峭壁的本事不如苏轼，我不知道苏轼是不是有一点夸张。后来他夜访著名的石钟山，再次显露了攀岩本领。早年他在眉山，爬树、爬墙、爬山皆是好手，是小伙伴们折服的娃娃头。七月雷雨天他敢于横渡宽二百丈、浪高尺余的岷江……

《后赤壁赋》中描绘的怪石、枯木，也是苏轼画画常用的题材。中国的文人画、写意画，苏东坡开源甚大，已经影响了水墨画近千年。

在黄州，苏轼的书法、绘画跃上了一个新台阶。襄阳米芾慕他的名，不远千里前来拜访他。米芾只有二十几岁，是个书画天才，恃才傲物，学李白见了谁都不低颜色。米芾先到金陵拜会王安石，然后到黄州谒见苏轼。米芾对这两位闻名天下的大人物，"皆不执弟子礼，特敬前辈而已"。

苏轼满心欢喜地接待米芾，没有一点前辈名流的架子。二人切磋书画，有时候争得面红耳赤。各有心得，则急于告知对方，于是都有了长足的进步。

架子、面子都会妨碍进步。儒家文化讲中庸、讲谦让，却也滋生民族性格中的"弯弯绕"……

苏轼以前单画竹，现在把枯木怪石搬到画面中，画竹石图、竹木图。他新创文人画意境，在绘画史上留下了一笔。他写字画画，随写随赠，妻弟王十六（王箴）年轻没顾忌，常常开口求字画，三年间求得的作品竟然多达百余件，日后运往汴梁、洛阳等地卖得好价钱。

而苏轼对自己的书画能卖钱不是很在意。为官十几年也没啥积蓄，答王巩诗云："若问我贫天所赋，不因迁谪始囊空。"给朋友写信，一再提到"难蓄此物（钱）"。

古今中外，一切优秀人物，没有一个是拜金、拜物之徒。原因简单：拜金拜物妨碍生命力五彩斑斓地喷发。

被贬黄州的第二年，朋友往还渐多，苏轼感到手头吃紧，把铜钱吊在屋梁上，计划开支。一个月下来若有盈余，他另存于竹筒中，用作款待好友的专费。举家厉行节约，王闰之堪称节约能手，昔日的知州夫人眼下衣裳有补丁，金钗银簪送进了当铺。乳娘任采莲更有高招：将一块用盐水浸泡过的咸猪肉悬于饭桌旁，小孩想吃肉，便望望咸猪肉。这叫"咸肉止馋法"，20世纪五六十年代的眉山尚有流传。苏迨、苏过年幼，望着猪肉不眨眼时，任采莲会说：快拨饭，不怕咸呀？苏过告发哥哥盯着咸猪肉看了好几眼，任采莲又说：不管他，咸死他！

一桌喷饭。苏轼哈哈大笑。朝云的笑容虽有节制，却也像一朵绽放的桃花。

饭后，苏轼出临皋亭沿大江散步，通常由朝云陪着。江中有一艘"大舸"，船舱里的床榻俨然"水床"，情侣相拥听波浪，看月亮。大师也于此船著大书，写《易传》《论语说》。红袖添香早，心潮逐浪高。

唉，古今之豪宅，何处可比东坡先生之临皋亭呢？

苏轼暮年重养生，屡称男女之事为"伐性之斧"，可见他对这把"斧头"原本是深有体验。黄州数年，青春妙龄的王朝云玉润珠圆，苏轼与她耳鬓厮磨，平时却不谈这个。诗笔、画笔不关儿女情。胸有万卷，笔无点尘。

在今天看，却多少有些遗憾吧！苏轼崇拜陶渊明，和遍陶诗，却漏掉渊明先生向往佳人的《闲情赋》。佳人日夕在身边，大文豪偏偏不提笔。有一首苏轼的"婉约派"力作《蝶恋花·春景》，王朝云最爱唱的：

花褪残红青杏小。燕子飞时，绿水人家绕。枝上柳绵吹又少，天涯何处无芳草。

墙里秋千墙外道。墙外行人，墙里佳人笑。笑渐不闻声渐悄，多情却被无情恼。

轻盈，曼妙。谁能说苏轼不谙风情呢？

黄州时期的苏轼够忙的，从天麻麻亮忙到黑摸门，却有一篇不到一百字的大作，专写闲适，像是随手记下的小东西。小东西竟成千古奇文。不信我们且看《记承天寺夜游》：

元丰六年十月十二日夜，解衣欲睡，月色入户，欣然起行。念无与为乐者，遂至承天寺寻张怀民。怀民亦未寝，相与步于中庭。庭下如积水空明，水中藻荇交横，盖竹柏影也。何夜无月？何处无竹柏？但少闲人如吾两人者耳。

不想睡咋整？披衣出门去，寻友访月去。

苏轼在这儿讲闲适，讲得恰到好处。闲而自适，闲得心旷神怡，没修养可不行。有了修养，闲是一种境界，一种享受。而在当下的语境中，这个字正在蜕化为无所事事。闲与无聊直接挂钩，闲得两眼空洞，要去抓瘾头，抓牌瘾、抓网瘾。"闲"是"空虚"的同义词，是"自我放纵""自甘堕落"的近义词。很有一些人生命中只剩下几场牌，所有的人生努力，最终归结到牌桌上。

谁的生命持续丰盈呢？谁在指认生活之意蕴层呢？谁把寻常月夜过得赏心悦目？

全面发展的"那个人"，眼下不多见了。区区几个瘾头掌控了生命，导致千人一面。

苏轼说："何夜无月？何处无竹柏？但少闲人如吾两人者耳。"这有点精神贵族的意思。我想这也是没有办法的事，就精神的层面而言，人与人很难平等。贵族就是贵族。谁不明白这一点，不妨认真读几天苏轼，背下这篇《记承天寺夜游》。

谁能伴我田间饮，醉倒惟有支头砖

黄州的朋友越来越多，造访的客人走两个来三个，家里的开销捉襟见肘。苏轼又最怕朋友少的，即便是乡野之人、农夫、白丁，只要上门了，他必定留客吃饭。黄州这地方也不是年年风调雨顺，碰上旱灾、雨灾怎么办呢？为长远计，苏轼不能不想办法。知州徐君猷真是一个好人，他解决了苏轼的难题，把城东一块废弃的兵营拨给苏轼，约五十亩坡地。苏轼率领全家开荒种地，除荆棘，搬瓦砾，挖水渠，合家老小挥舞着锄头，挑着扁担，每天累得一身汗。远道而来的朋友，如眉山人巢谷、陈慥，京师小吏马梦得，杭州高僧参寥子，本地人汪若谷、吴齐万、古耕道，见此情形，二话不说下地干活，加入了垦荒队。马梦得与苏轼同年，人挺逗，插科打诨，唱歌哼曲翻跟斗，苏迨、苏过老喜欢跟在他屁股后头。艰苦的耕耘苦中有乐……

麦子种下了。初春一片新绿，入夏满目金黄。

东坡诞生了。"苏东坡"三个字，从此响彻千年中国历史。

开荒种地，要吃饭，要活下去，世界性的文化符号，缘起就这么简单。

陆游《入蜀记》写他亲眼所见:"早,游东坡。自州门而东,冈垄高下,至东坡,则地势平旷开豁。东起一垄颇高,有屋三间,一龟头,曰居士亭。亭下面南一堂,颇雄,四壁皆画雪。堂中有苏公像,乌帽紫裘,横按筇杖,是为雪堂。……又有四望亭,正与雪堂相直,在高阜上,览观江山,为一郡之最。"

根据陆游的描述,今日黄州再造东坡不难。黄冈市已斥资若干亿打造七千亩"东坡遗爱湖",映照四川眉山之东坡故里。

凡是热爱生活的人,想必都会热爱废营地开垦出来的东坡:那夏风中的麦浪、秋风中的稻浪,在心头荡漾……

苏轼割麦子唰唰唰,吃环饼狼吞虎咽,脖子一仰,咕咚咚痛饮老鹰茶。王朝云负责饷田,带来了美酒,"蓝小袖"(苏轼对朝云的昵称)迎着麦田风飘飘然,俏动足、婀娜身点燃了周遭风景。暮春红裙过江,仲夏紫裳登楼。黄州有座栖霞楼,子瞻、子霞手牵手。

不避艰辛而诗意栖居,或者说,唯知酸甜苦辣,方能懂得诗意栖居。谁以为弄个豪宅就有诗意,那是痴人说梦。

东坡先生割麦子、打麦子累了,喝蓝小袖挎篮携来的美酒爽了,斜倚田埂看悠悠白云,托腮赋诗:"谁能伴我田间饮,醉倒惟有支头砖。"

一觉醒来,天宽地阔。这是一种生存范式。

人类杰出人物,劳心之余往往善于劳力,乐于干活。托尔斯泰写完《安娜·卡列尼娜》，在他的庄园痛痛快快割了七天草，从早晨割到黄昏，大汗淋漓，大口吃肉。雨果是称职的木匠、瓦匠、花匠、泥水匠。海德格尔是名副其实的足球队队员、滑雪爱好者、伐木者和箍桶匠。维特根斯坦在一所中学做园丁……请听六十七岁的托尔斯泰伯爵这么说："用简单的体力劳动的方法，从脑力劳动中得到休息是何等愉快啊！按照季节，我每天或是耕种土地，或是锯木材和劈木头，或者用镰刀干活，或者用别的工具干活。至于犁地，你想象不出那是一种什么样的满足，它纯粹是一种享受！血液在你的血管里快活地流着，你头脑清醒，感觉不到双脚的重量，还有那以后的好胃口，还有那睡眠！对于我，每天的运动和体力劳动，就像空气般不可缺少。要是长时间坐着从事脑力工作，没有体育锻炼和劳动，那真是一种灾难！"

而坐着活，宅着活，拒户外于千里之外，今日已成常态也。拇指取代四肢，生命正在退化。电脑掌控人脑，乃是今日之异化。

日本、德国、韩国、美国的汉学家，惊叹苏东坡应对磨难的力量竟如此之大。高官更兼大文豪，下苦力轻描淡写，凸显给世人的，倒是沁人心脾的诗意景象。须知耕种绝非易事，家中十余口，没一个是种田好手，苏东坡事事请教老农，东坡附近的农民都成了他的朋友。他写诗，幽默而又豪迈："腐儒粗粝支百年，力耕不受众人怜。"

雪堂四壁的雪景出自他的画笔。堂前匾额四个大字——东坡雪堂，是他的手迹。这高雅之处却是谁都能来，城里的穷秀才、村中的流浪汉、蹭酒喝的、打秋风的、讲新闻说旧事的。主妇难免皱眉头：这要吃要喝的……其实客人也知趣，一般不会空手来。苏东坡用家乡土话打趣：来就来嘛，何必又提又抱又扛的。

苏东坡的天性，是乐于待在人群中的，却又完全不是"人来疯"。大师之妙，妙到毫厘。

有一天他在雪堂忙碌，等客上门，忽然说："吾上可陪玉皇大帝，下可以陪卑田院乞儿。"

上下几千年，能出此语者，恐怕只有苏东坡。

他能穿越社会各阶层，洞察各领域，以伟岸之躯融入茫茫大地，既汲取能量，又广施悲悯。被贬黄州无权无钱，他还拼着一张老脸，调动"人脉"，大力革除江对岸武昌城（鄂城）溺女婴的陋习，让数不清的女婴存活下来，长成待嫁的姑娘家，减少光棍汉。

是中国文化铸就了他的伟岸，我们为此甚感欣慰。谁能说华夏五千多年的文明，没有蕴含着足以傲视西方的普世价值呢？

且听苏子又说："眼前见天下无一个不好人。"

这该是至高的境界了吧？他可不是说大话。日后有个人，弄得他家破人亡，使他九死蛮荒。这不共戴天之仇，他却在有能力报复的时候轻轻一挥手，宽恕了对方，还提醒对方保重身体。

通过他，我们才知道，悲天悯人并不是一句高调的空话。

他诠释了人之所以为人。他提纯了人类的文化基因。他向我们这些自以为是的现代人示范,人的精神,可以喷发到什么样的高度和广度。

通常意义上的各类人杰是不能跟他比的。

苏东坡常被人拉去喝酒。他曾自酿蜜酒,折腾半年,请人喝,紧张地期待评价。然而客人喝下蜜酒拉肚子,"暴下",他只好宣布酿酒失败,以后继续研究。在朋友家饮酒,闻到酒香他人就醉了一半。祖父苏序豪饮,这基因没传给他;他久经官场、文坛却锻炼不出来,一辈子遗憾酒量太小,不知道这是怎么回事。不过,他写醉书、画醉画、填醉词满在行,稍不留神就是千古绝唱。且看《临江仙·夜饮东坡醒复醉》:

夜饮东坡醒复醉,归来仿佛三更。家童鼻息已雷鸣,敲门都不应,倚杖听江声。

长恨此身非我有,何时忘却营营。夜阑风静縠纹平,小身从此逝,江海寄余生。

善于做考证的胡适先生曾表示疑惑:家童怎么会鼻息如雷鸣呢?联系苏东坡在考场上也要杜撰圣人典故,胡适释然一笑。

宋人叶梦得《避暑录话》:"翌日喧传子瞻夜作此辞,挂冠服江边,拏舟长啸去矣。郡守徐君猷闻之,惊且俱,以为州失罪人，急命驾往遏，则子瞻鼻鼾如雷，犹未兴也。"

苏东坡想跑，逍遥于江海，想想而已，江边站了很久，也许不忍心敲醒家童。知州听闻此词，吓得跑到苏东坡的寓所一看，才松了口气。东坡正在堂上高卧，并未"小舟从此逝，江海寄余生"。

从词中透露的时间看，苏东坡在江边待了半夜。倚杖听江声，却听见了人事纷扰、世事喧嚣。苏东坡心向自由而置身人世，不避人生喧嚣。他的生存姿态就是这样。他揭示出自由的价值，而自由既在江海又在人世，二者形成特殊的张力。生活的热情有多高，对"虚无"的体验就有多深。苏东坡是虚无的占位者吗？他如此眷恋人世，因之而嗅到虚无的气息，不由自主地要朝虚无的领地跑。——那是他反身朝着人世发力的一块基地吗？他那厚地高天般的胸怀和视野，来自虚无这种稀有元素吗？

我拜读中外大哲，常有这类感觉。

哲人总有相通处，哪怕隔着语言、地域和各自的历史。哲人之所思，为人类生活持续提供普适性价值。

苏东坡作为一名好官，是民本的；作为坚实而丰富的个体，是人本的。人本并非官本的对应物。人本通自由。自由又通向什么呢？

研究苏东坡，如果想避免一再走入故纸堆，不妨将眼界拓宽一些。要想把他活生生地带到当下，须做些别样功课。比如，一个人类学学者，或一个现象学学者，可能会在东坡身上看到很多新东西。

我学力有限，目前仅能讲一点猜想。

我们回到黄州吧！苏轼被贬黄州，一变而为苏东坡。他在民间，在野地，在浓烈爱情的光照中，在至亲良朋的环绕下，出乎意料地精神抖擞，形象鲜明，盖过了他身为官员留给人的好印象。历史上像他这样的好官并不罕见，但是作为杰出艺术家，作为人的韧性、丰富性的阐释者，他是罕见的。身处逆境而笑声爽朗，一般人做不到，因此称他"坡仙"。他浑身散发的仙气和李白不同，李白天马行空、大鹏展翅，而东坡归属大地的广袤与神秘。

换个比喻说，李白像天仙，东坡如坡仙。

不过坡仙也会生病的。

苏东坡有三种病：眼病、左臂麻木、痔疮。都是小病，平时注意饮食就行了。然而艺术家首先是性情中人，性情中人是什么意思呢？换个词叫"任性"。而任性意味着：任由天性。

苏东坡作为官员、学者和父辈，自律甚多，律己极严。余下的事，却不妨任性。

逍遥于江湖，逍遥就是释放天性。而释放的前提却是压抑。压抑是一种能量聚积。这里有个压与放的循环。

一味任性，人就轻薄、轻浮、轻佻了，苏东坡不是。轻浮轻佻之辈，生命是没有质感的。一连串的生命之轻从它自身脱落。

而任何对"轻"的享受,皆以重为前提。

元丰六年(1083),苏东坡在黄州生病。日子好了,朋友多了,酒局几乎天天有。由于劳动,他的体魄前所未有地好,浑身无赘肉,饭量、酒量都上去了。拿锄头和拿毛笔皆能自如,于是他放任自己,不妨多喝几杯,不妨半夜不归。日积月累,眼赤、痔疮屡发,"左臂不仁"。

看来,身体并不是精神的盲目追随者。

苏轼先天小酒量,偏偏是个大文豪。这几乎是一个结构性矛盾。

元丰六年的春雨下个不停,湿热交袭,苏东坡缠绵病榻,一个多月未出门。

于是有传言:东坡已仙逝。越传越像真的,而且传出千里之遥。

皇宫里的宋神宗听到了,吃不下饭,叹息曰:"才难,才难!"人才自古艰难。

居河南许昌的范镇闻苏轼亡,当庭大哭,要去黄州奔丧。左右劝他:传言未知真假,不如先写信,派急足到黄州,坐实了再作计较,免得人笑范蜀公也。

急足奔黄州,走到半途,返回了。急足听马梦得讲,东坡先生安然,有小恙。

范镇闻之大乐,同时写信给张方平、王安石,报苏东坡平安。

金陵王安石笑道：东坡，人中龙矣，岂能先我而去？

闭门养病三十多天，苏东坡真是憋坏了。病才七分见好，人已十分精神，要把丢失在病榻上的时光找回来。

有一天他骑马外出，彻夜不归。家人、朋友四出寻找未见踪影。原来他和衣睡在一座桥上，桥柱赫然有新词：

照野弥弥浅浪，横空隐隐层霄。障泥未解玉骢骄，我欲醉眠芳草。

可惜一溪风月，莫教踏碎琼瑶。解鞍欹枕绿杨桥，杜宇一声春晓。

他自序云："顷在黄州，春夜行蕲水中。过酒家，饮酒醉，乘月至一溪桥上，解鞍，曲肱醉卧少休。及觉已晓，乱山攒拥，流水锵然，疑非尘世也，书此语桥柱上。"

人是彻底放松了，酒神、睡神、美神，携手来造访他的躯体和灵魂。

酒鬼们幕天席地。苏东坡春夜酣睡绿杨桥。

萨特尝言："巴黎街头酒鬼们的生活质量，超过爱丽舍宫的法国总统。"

普希金赞美吉卜赛人到处流浪："由于贫穷而得到保障的野性自由。"

诠释"自由"一词，词条成百上千，唯有这位俄罗斯头号诗人将贫穷与自由挂钩。

佳作常与趣事相连。人兴奋，有好诗。尼采说得好："艺术是生命的兴奋剂。"这种生命兴奋却不消耗能源……

元丰五年（1082），苏东坡栖身于强对流张力区，佳作有井喷之势。而古今学者未能有这个层面的阐释。恰好他处于受力点上，受力的位置稍有偏移，都难以形成艺术之井喷。

重复一句，苏东坡本人并不自知。这个不自知却非常重要。

所谓生命冲动百万年，动物有一种看的冲动，千秋万代绵延下去，朦朦胧胧而发力精准，终于获得了视觉器官。百万年的生命冲动，唯有上帝才能测量。顺便提一句，人类永远是进化或退化中的人类，不可能具备终极理解力。人类要懂得：人在宇宙中，永远微不足道。

苏东坡寒食节苦雨，沙湖相田，笑傲风雨，回雪堂，臂疼，左手肿。这是苏东坡的老毛病，大约是风湿。"闻麻桥人庞安常善医而聋，遂往求疗"，"疾愈，与之同游清泉寺"。苏轼作《浣溪沙·游蕲水清泉寺》：

山下兰芽短浸溪，松间沙路净无泥，萧萧暮雨子规啼。
谁道人生无再少？门前流水尚能西，休将白发唱黄鸡。

苏轼记云："元丰五年三月，偶以事至蕲水。"

蕲水有一座清泉寺，苏子云："寺在蕲水郭门外二里许，有王逸少洗笔泉，水极甘，下临兰溪，溪水西流。……是日，剧饮而归。"王羲之字逸少。蕲水的兰溪映照绍兴的兰亭。兰溪水倒流，人要倒着活，浑身细胞舒展，向善向学向美，向自然向人事，低沸点的欣悦无处不在。

庄子八十岁，老子一百岁，不是照样欣欣向荣吗？

"自然所赋予的身体的潜能，文明所赋予的精神的潜能，今之国人，深思才好"，参见拙作《圣贤传·孔子》。

再看东坡寄给杭州高僧参寥子的《八声甘州》：

> 有情风、万里卷潮来，无情送潮归。问钱塘江上，西兴浦口，几度斜晖？不用思量今古，俯仰昔人非。谁似东坡老，白首忘机。
>
> 记取西湖西畔，正暮山好处，空翠烟霏。算诗人相得，如我与君稀。约他年、东还海道，愿谢公、雅志莫相违。西州路，不应回首，为我沾衣。

白首忘机心，多么不容易。也许今天的人对此更有感慨吧！不要说中年人了，一些刚出大学的年轻人也是机心重重，整天忙着算计。机关算尽太聪明，枉送了宝贵青春：二十几岁人已老，心中沟壑纵横……

东坡倒着活,越来越像个大男孩。

王朝云有了身孕,他欢天喜地,有时整日不出门,围着孕妇转,听胎动,做美食,洗小衣,陪散步。夫人王闰之、乳娘任采莲倒闲着没事儿干了,皱不完的眉头,噘不停的嘴。苏东坡端详朝云的面容说:兴许是个女孩……前边已有迈、迨、过三个男孩,添个女孩多好。然而生下来的还是男孩,眉眼格外像他,抓周单抓书和笔,东坡、朝云相视而笑。孩子取名苏遁。遁者,逃亡矣。——京师斗不过那帮小人,逃向民间总是可以的吧?《洗儿诗》云:

人皆养子望聪明,我被聪明误一生。

惟愿孩儿愚且鲁,无灾无难到公卿。

东坡郁闷时言辞尖刻,高兴了,又要讽刺人。做官做到公卿,原来有诀窍:愚蠢加鲁钝。

苏东坡讲的聪明,是指政治远见及与之相应的良好操守。而事实上,官场小人绞尽脑汁弄权术,深文周纳,翻云覆雨,将愚且鲁变成了他们的聪明。

苏东坡被贬黄州五年,快满五十岁了,否极泰来,仕途向他抛出了赏心悦目的曲线。

元丰七年(1084)夏,朝廷诏下:苏轼量移汝州(今河南洛阳汝阳），仍为团练副使。

东坡的麦子正待收割，春蚕养成了夏蚕，茶树摘了一轮又一轮，杏子、李子、桃子熟了，家酿新酒也熟了，大江鱼肥，草长莺飞，鸡鸭鹅满地跑，朋友越来越多，雪堂、南堂简直是客栈。客人来，要先写信订房。

苏东坡是一粒好种子，黄州有的是沃土。生根，开花，结硕果。

皇帝动个念头，罪臣连根拔起。

深宫里的黄袍男人，哪里懂得江湖逍遥。

可叹，可悲，可怜，这提线木偶式的生活。爱上了一片土地，又将告别这片土地。苏东坡还盘算着，有朝一日带领全家十几口回眉山……

量移属于一种恩赐。得到消息的那一天，苏家人个个沉默。朋友们没有一个来道喜。

要走了，要散了。巢谷归眉山颐养天年，马梦得去洛阳闯荡，陈季常不可能再来黄州访东坡。黄州的素心朋友们，"相见时难别亦难"。此一别，多半是永别。

伤感，这没办法，毫无办法，皇命来了就得走。儿子苏迈还要去江西的德兴县当县尉。

《东坡志林》卷十："元丰七年二月一日，东坡居士与徐得之、参寥子步自雪堂，并柯池入乾明寺，观竹林，谒乳姥任氏坟……"

竹林深处，苏东坡长跪在乳母的坟前。

三月下旬，接连多日，苏东坡绕着雪堂打转，一声不吭，一纸不写。夜里他坐在麦田的田埂上，嚼麦粒，打来井水喝几口。繁星亿万点，不问人间事。

往事如烟。屈指黄州近五年，忽然要走，要远走……沙湖田白看了，栖居图白画了。

后半夜，闰之夫人来找郁闷的丈夫，回去的路上苏轼跌跌撞撞。

《梁溪漫志》："既去黄，夜行武昌山上，回望东坡，闻黄州鼓角，凄然泣下。"

朋友们都来送苏东坡。初夏，一行二十余人到了兴国军，当地处士李翔殷勤款待，日杀一羊。苏轼催陈季常回去，陈季常只说还早。

兴国军地近九江，江州彭泽县是陶渊明的故乡，苏东坡手抄《归去来兮辞》送李翔。

《东坡先生祠堂记》："今传富川前三十年，一妪尚及见，修躯鼇面，衣短绿衫，才及膝，曳杖谒士民家无择……来则呼纸作字，无多饮，少已，倾斜高歌，不甚著调，薄睡即醒。书一士人家壁云：'惟陈季常不肯去，要至庐山而返，若为山神留住，必怒我。'"

长身、黑面、短衣衫，正是此间的苏东坡形象。长衣白面则为官人，即体面人。常饮酒而量小，浅睡梦多，盖因上火。唱歌不着调，喜欢到处跑，见不得人家的白壁头。

兴国军的长官杨元素，当年的杭州知州，一向与苏轼相善。"乌台诗案"，杨元素也被牵连进去，浑不在意。他听说苏轼挈家眷过江，住在李翔家，即刻命驾前往，把苏轼一家从半山民居请入山下官厅，天天摆宴席，夜夜有笙篁。杨的官袍与苏的短衣，杨的白面与苏的黑面，相映成趣。苏轼"倾斜高歌"，满座皆笑。陈季常醉也，扭头笑语苏轼：跟着子瞻操，顿顿吃元宵。"操"是眉州土话，含闯江湖之意。陈季常的老家在眉州青神县，吃元宵意味着亲朋团聚。苏东坡俨然大磁铁，走一路吸一路。纷纷小磁铁，颇愿意被他吸牢。

人是什么？人是能量。

不知更几百年，方有如此人物

宋神宗起用苏轼的心思由来已久，宰相王珪几番阻挠，神宗未能如愿。北宋政坛，王珪是个史家公认的小人，倒不全是因为他在"乌台诗案"中屡向苏轼下毒手。他以见风使舵出名，巴结术炉火纯青。熙宁年间王安石当政，他巴结王安石胡须上的虱子。虱子爬来爬去，神宗看见了，但没说话。到王安石自己察觉了，伸手捉住它，正欲按惯例掐死，王珪忙道："荆公且慢，这是一只不同寻常的虱子！"

王安石感到奇怪，问道："何以见得虱子不寻常？"

王珪摇着圆头说："曾经御览，屡游相须。"

这是一则著名笑话。

王珪培植党羽很有一套，有时皇帝也奈何不了他。苏轼刚因"乌台诗案"被贬的时候，神宗想让他知江州；后来神宗想让苏轼修国史，两次都被王珪以种种理由拦下。其时朝廷正向辽国用兵，这事就搁下了。元丰七年（1084），神宗动用"皇帝手札"，不与执政商量，直接下令起复苏轼。起复的第一步,授苏轼汝州团练副使,本州安置。汝州离汴梁很近了。

苏轼依依不舍地离开黄州。临皋亭涛声依旧,五十亩东坡麦苗青青,雪堂的离别酒喝了一回又一回……"我家江水初发源,宦游直送江入海",当年在镇江金山寺写下的诗句,宿命般地画出他的命运轨迹。当官就是马不停蹄,这州三年那州两年的,有时候途中走数月,到任只几十天,又调走了。于是有了"宦游"这类词,令人感慨万端。

把宦游列入人类学的研究课题,想必很有趣吧?

苏轼一生,宦游四十余年,足迹半中国。

元丰七年(1084)春他起程往汝州,陈季常送他直到九江。这位侠肝义胆的眉山青神县汉子,曾从他居住的歧亭七次到黄州看望苏轼,每次往返几百里。他和苏轼气味相投,都是古道热肠。还有一个眉山人巢谷,值得浓墨重写的普通人,行事很神秘。苏轼倒霉的时候他总会现身,苏轼得意了,他又飘然而去。

这次苏轼赴汝州,巢谷提前数日不辞而别,却交给苏轼一个祖传药方"圣散子",叮嘱千万不可示人,但关键时刻可以一用。苏轼并未十分在意,他这些年收集的药方多了。几年后在杭州,这"圣散子"救活了成千上万的疫病患者。苏轼万分感激巢谷,却不知巢谷身在何处。

眉山多文士,多义士。苏轼宦游三十年,对家乡真是无限怀念。家乡好啊,风光好,风俗好,人好……苏轼却不知哪年哪月才能回去。于是对人讲眉山,写诗写眉山:"瓦屋寒堆春后雪,峨眉翠扫雨余天。"瓦屋是眉山境内的一座道教名山。

苏轼的书法作品，署名往往是眉山苏轼。

苏轼为家乡感到自豪，这是显而易见的。读者若有疑虑，不妨认真读一读他特意为家乡写的《眉州远景楼记》。或者来东坡老家一游，看看三苏古祠堂、古园林、古城墙、古纱縠行……

现在苏东坡到了江西九江地面，陈季常返回，大和尚参寥子前来迎接，陪东坡畅游石钟山和庐山。山中盘桓多日，诗人、哲人合二为一。两座名山分别得了名文《石钟山记》，名诗《题西林壁》。后者为哲理入诗之绝唱：

横看成岭侧成峰，远近高低各不同。不识庐山真面目，只缘身在此山中。

诗人看山峰却看见人世了。寥寥数语，说尽多少事。

人生就是不断地总结、领悟、参透，千思量万琢磨懂得了一点道理，却已两鬓斑白，再是喜悦也难掩苍凉……

六月下旬，东坡一行抵达金陵。

王安石，现在称荆公，就住在金陵蒋山（今江苏南京紫金山，又称钟山）的"半山庄园"。王相公的庄园不砌围墙，谁都可以进去。山里的农民找他借这借那，问这问那，他一律笑迎。平日里解老庄，编唐诗，尊杜甫，批李白，仇恨吕惠卿，关注司马光在洛阳的动静；作《字说》，想要探究汉字的源流与奥妙；修订他的《三经新义》。

荆公白天骑毛驴闲逛，任凭山风吹乱他的花白胡子，自顾自地梳理他的大半生。他迷上禅宗，写诗有了禅味："云从钟山起，却入钟山去。借问钟山人，云今在何处？云从无心来，还向无心去。无心无处寻，莫觅无心处。"

介甫问到无心，不问了。其实他不妨问下去，无到深处方见有。

荆公七绝："终日看山不厌山，买山终待老山间。山花落尽山长在，山水空流山自闲。"

山自闲，人可不闲。恨吕惠卿恨得睡不着，在墙壁上大书"福建子"百十遍。

吕惠卿搞手实法大害天下。宋神宗动大兵攻西夏，大败，损精锐之师六十万……

老宰相心事，如何不多？老庄圣人也，圣人却来迟了。无为之为，太深奥。那些年日理万机的铁腕宰相，参不透玄理。返璞归真，岂是嘴上与笔下功夫。

有一阵子，荆公迷上驴拉的江州车，车上一左一右两个车厢，安石坐一厢，老农坐一厢，谈笑二十里，直抵石头城。安石送老农一顶皮帽，而老农喜欢草帽，把安石送的皮帽送进了当铺。安石去赎回来，再赠老农。他用小刀剖开皮帽的夹层，"灿然黄金"，老农傻了眼。

黄金帽子是皇帝赐予老宰相的，可抵谷千石。

王安石对天下农民有愧吗？唉，青苗法，青苗法……

他早就听说苏东坡要来石头城，打心眼里高兴，频频致笺催问：到哪儿了，到哪儿了？

这个苏子瞻啊，三月从黄州启程，六月未能到金陵。坐船，平均一天才走几里水路。

苏轼这一路上，来自四面八方的朋友真多啊，介甫一念及此，禁不住掉眼泪。他退居金陵七八年了，半山庄园昼夜开放，可是朋友们谁来看望他呀？连他的亲弟弟也不来，连他的亲家也不来。他提拔的官员数以百计，却是几人来？

很多官员到金陵，不上钟山。介甫闻之，每每黯然，独自神伤。

树倒猢狲散，"落了个白茫茫大地真干净"。

然而，苏东坡来了。

王相公穿戴整齐，一品官的紫色官服，系了玉带，脚蹬朝靴，骑毛驴到江边迎接苏东坡。后面跟着一辆豪华高轩，专为东坡备下，请东坡上钟山。

东坡居士从船上出来，短衣，黑面，芒鞋，竹杖。王安石定睛再看，吃了一惊：这不是传说中的赤松子吗？野人装束，不掩仙风道骨。

王安石阅人无数，"目如射"。高人看高人，直取紧要处。

二人不见面,屈指十五年。

苏东坡健步上岸,长揖王安石,曰:"轼今日敢以野服见大宰相。"

王安石急忙拉他的手,说:"礼岂为我辈设哉!"

长江上的大风呼呼地吹,王安石似乎摇了一摇。精瘦的苏东坡不动如山。

苏东坡游览名胜,遍尝佳肴,随后又上钟山玩,住在半山庄园,其家小安顿在城里的上等馆驿。

苏东坡陪王安石住了一个月。两个文化巨匠谈些什么呢?史料只有半页纸,令人费猜想。王安石是熙宁变法的核心人物,一手搅动历史风云,国库丰盈而民坐贫困。

国运将如何?这是他最最关心的。皇帝打西夏一败涂地。朝政由吕惠卿之流把持……

最最关心的,却是最忧心。何以解忧?唯有老庄。王安石埋头撰写《老子注》,然而思想从来拒绝急切的、吹糠见米式的靠近。临时抱佛脚,佛在九重霄。

苏东坡谈起国家的种种弊端,王安石拍案而起。

东坡剧论形势,提醒王安石:"大兵大狱,汉唐灭亡之兆。祖宗以仁厚治天下,正欲革此。今西方用兵,连年不解,东南数起大狱,公独无一言以救之乎?"

介甫叹曰:"二事皆惠卿启之,某在外,安敢言?"

东坡说:"固也,然在朝则言,在外则不言,事君之常礼耳。上所以待公者，非常礼，公所以事上者，岂可以常礼乎？"

介甫厉声道："某须说！"

少顷，又曰："出在安石口，入在子瞻耳。"

《邵氏闻见录》："盖介甫尝为惠卿发其'无使上知'私书，尚畏惠卿，恐子瞻泄其言也。"

过了一会儿，介甫云："人须是知'行一不义，杀一不辜，得天下弗为'乃可。"

子瞻戏曰："今之君子，争减半年磨勘，虽杀人，亦为之。"

元丰年间，官风已败坏。

介甫笑而不言。大半辈子敢为天下先的铁牛、黑牛、猛牛，如今，三缄其口。

不谈朝政，谈文化，王安石就滔滔不绝起来，目光炯炯。苏东坡洗耳恭听。

王安石请教"精神"二字，东坡答："精出于动，神守为静，动静即精神也。"王安石拍手称妙。

自从东坡上钟山，王相公的兴致高了，食量大了，还喝点小酒；夜里能睡着，有时候一觉拉抻睡到天亮。江湖高人苏东坡，是心忧庙堂的王安石的一服解药吗？

老庄之退也，须退出历史舞台，闲观历史进程，以不在场的方式在场。而王介甫做不到，太难了。苏东坡迟早要下钟山。

忧东坡下山，复成介甫一心病，于是他希望东坡买田于金陵，朝夕与他为邻。说出了这个心愿，王安石的心一阵扑扑跳。苏东坡能让他益寿延年。这是他的一种直觉，未能形成念头的直觉。一日，苏东坡早起采蘑菇去了。案几上留下一首新写的诗："骑驴渺渺入荒陂，想见先生未病时。劝我试求三亩宅，从公已觉十年迟。"

王安石抹去眼角的两滴泪，走开了。一夜难眠……

苏东坡下钟山，王安石送了一程又一程。东坡远去，介甫望着东坡的背影喃喃自语："不知更几百年，方有如此人物。"

欧阳修未必说得出这样的话。元丰三年（1080）以来，王安石高度关注民间的苏东坡。

乔治·桑尝言："上帝在人间设有标志，这标志就是天才。"

元丰七年（1084）七月二十八日，乳名干儿的苏遁夭折，才十个月。遁者，逃也，逃回天堂去了。起名字有名谶吗？苏轼《洗儿诗》："惟愿孩儿愚且鲁，无灾无难到公卿。"灾难却来了。

其时苏东坡忙于会晤金陵的朋友们，又值酷暑，干儿患病于江上官船，竟然不起。

这父亲放声大哭："吾年四十九，羁旅失幼子。幼子真吾儿，眉角生已似。未期观所好，蹁跹逐书史。……归来怀抱空，老泪如泻水。"

更惨的是王朝云："我泪犹可拭，日远当日忘。母哭不可闻,欲与汝俱亡。"

朝云原是丫头,终于有了今天,咿呀学语的干儿多么可爱。这孩儿生得最像他爹,性情亦相似:"摇头却梨栗,似识非分耻。"

"故衣尚悬架,涨乳已流床。感此欲忘生,一卧终日僵。"可能因为这一次伤得太深,后来王朝云不复怀孕。

东坡连日守着朝云,默坐晨与昏,凝望着茫茫大江。金陵的官员折柬相邀,一概婉拒。

也许是丧子之痛,也许是黄州诗意生活的惯性,使苏轼有了买田隐居的念头。这念头一动,立刻招来八方吁请,范镇请他去许昌,王巩请他去扬州,张方平请他去南都……古人讲究千金买宅,万金择邻,有苏东坡这样的人做邻居,真是一种幸福。东坡分身乏术,为难了。老朋友蒋之奇力邀他去常州,到宜兴的一座山中买田,他去了,买下一块可年供八百石谷子的田地。有了这块地,一家十几口,吃饭是不成问题的。他还有退休金。于是两上《乞常州居住表》,恳请朝廷批准。

过了数月,朝廷终于批准了他的请求,他的欣喜溢于言表。描绘未来的生活图景,一流书法兼美文《楚颂帖》问世:"吾性好种植,能手自接果木,尤好栽橘。阳羡在洞庭上,柑橘栽至易得,当买一小园,种柑橘三百本。屈原作橘颂,吾园若成,当作一亭,名之曰楚颂。"

《楚颂帖》在苏轼的传世书法中排第二。汉字好书法是看不够的，越看越有味道，韵律，性情，呈于纸上，这种艺术形式，全世界独一无二。

苏轼性好种植，始于当年回家丁忧，于栽青松三万棵。今日眉山市东坡区土地乡的苏家陵园，犹见千亩松林。夏秋风大时，"短松冈"松涛阵阵。

他不仅熟悉农事，且能自嫁接果木，在田地里忙碌时，无论穿戴还是身姿，与寻常农夫无异。但我们觉得他可爱，就因为他不是寻常农夫。他是大诗人，是享有俸禄的官吏，是名满天下的苏子瞻，却能谙农事，在土地上耕耘，他与土地就构成了一种新关系，超越了寻常意义上的农夫与土地的关系。他既是耕种者，又是这种生活方式的赞美者，乡村风物的欣赏者。他是既能贴近土地，又能与之保持必要的审美距离的，而正是这种审美间距，反倒使他比一般农夫更能够深入土地，浑身散发泥土的芳香。

陶渊明归隐田园，喝酒写诗，贫穷而逍遥，确立了一种文化品格。苏轼追慕陶潜由来已久，他选择常州为栖居之地，宜兴买田，日子会比陶潜好一些。他毕竟还是官府中人，拿着俸禄。年届五十的人了，他确实想安定下来，过他想过的生活。如果这一愿望得以实现，那么他的余年或许称得上幸福。一方面对田园生活满怀希冀，另一方面又与政治藕断丝连。换句话说，五十岁的苏轼虽然追慕四十岁的陶潜，但二人的心境毕竟不同。我们无意因此而责备苏轼,说他的田园梦并不纯粹。牵挂政治并不是一件坏事,苏轼为此所做的心理准备,大大多于陶潜,他重归官场,也属情理中事。政治牵扯苏轼的神经,田园导引苏轼的梦想,二者像是钟摆的两端,苏轼在其间摇来荡去,最终停在哪一端,其实是一种偶然。可以预设的是,苏轼无论停在哪一端,都会对另一端耿耿于怀,挥之不去。

《楚颂帖》与书于黄州的《寒食帖》,是苏轼书法的两大代表作。后者现藏于台北故宫博物院。这可是文豪、书画巨擘的亲笔书法呀,我想到它,心就怦怦跳。如此绝世珍品能运送到文豪的故乡展出一回吗?

常州是苏东坡心目中的第二故乡。

东坡词《菩萨蛮》云:

> 买田阳羡吾将老,从来只为溪山好。来往一虚舟,聊随物外游。
>
> 有书仍懒著,水调歌归去。筋力不辞诗,要须风雨时。

阳羡即宜兴,东坡待在这地方,溪山美,朋友多,与杭州、扬州、金陵等地的朋友往来也很方便。活动半径大,日常韵味足,具有相当完整的"生活世界"。它对东坡的吸引是不言而喻的。另有一层,却为朝云考虑:家庭生活安定了,不复舟车劳顿、忽东忽西，她或能再生一个孩子，重新做母亲。

东坡为自己，也为家人勾勒了未来生活的图景。

然而朝廷又生大变故，刮起了新政旋风。苏东坡在常州忙着规划诗意栖居，这旋风移动速度奇快，刮到他头上了，刮得他离地三尺随气流飘荡，手中的规划图不知飞向何处去……

司马牛,司马牛!

元丰八年(1085)三月,在位十八年的宋神宗驾崩,享年三十八岁。

苏轼致信王巩:"先帝升遐,天下所共哀慕,而不肖与公,蒙恩尤深,固宜作挽词,少陈万一。然有所不敢者耳。"

宋神宗与苏东坡的关系,主要就是"乌台诗案"。

宋神宗是在赵宋立国百年后登基的。熙宁变法,国库充实了,农工商穷了。元丰年间打大仗,兴大狱,士大夫分裂,导致皇帝本人亡于不可解之心结。他的病,叫强力意志病。

神宗没了,小皇帝哲宗只有十岁。高太后摄政,改年号为元祐,显示出回归仁宗嘉祐时代的强烈意志。

高太后发起"元祐更化",找谁来辅佐她呢?

洛阳的独乐园里,一位老者埋头写巨著,转眼便是十五年。他就是司马光,王安石的老对头。关于独乐园,宋人笔记多有描述,它既是史学中心,又是隐形的政治枢纽,各类政要连年穿梭。司马光字君实,人称温公。他是公正而温和的大人物,像王安石一样不近女色，平时有点不苟言笑，但并不呆板。有个幽默故事：他夫人上元节想到街上观灯，临走时跟他打个招呼。他说："家里不是有灯吗？"夫人笑说："街上人多热闹，名为看灯，实为看人嘛！"司马光眼皮子一翻："莫非老夫是鬼呀？"夫人顿时乐了，出门后跟其他贵妇嘀咕，这故事很快传遍了洛阳。

司马光是出了名的节俭，冬不生炭火，于是访客少，他还纳闷怎么一入冬家里就冷清了呢？他舍不得多点一根蜡烛，皇上御赐的能烛照十丈开外的"金莲烛"，在他是摆设，在苏轼却常用。可是仆人上街卖马，他却叮嘱："告诉那买家，马有肺病。"由此可见，司马光节俭而不抠门。他是以身示范，带动享乐成风的官僚阶层学会节制。

天下苦新法久矣。隐居洛阳十五年，司马光几成百姓心中的圣人。

温公出西京入东京，开封城数万百姓夹道欢迎："都人叠足聚观，即以相公目之，马至于不能行。"上房上树上墙者，跌断腿的，挤破头的，不计其数。宋人笔记记之甚详。连山东青州一个偏僻的小山村，成群结队的村民也雀跃欢呼："司马君实为宰相矣！"事见《渑水燕谈录》。

明朝人马峦《温公年谱》："时得人之心如此，盖千载一人而已。"

东京人追着他的马车大喊："公无归洛，留相天子，活百姓!"

京城百姓不许他再走。

他此行原是为了吊丧,参加神宗葬礼,但京城百姓的盛情令司马光吃惊。葬礼的肃穆与民众的笑脸对比鲜明。他隐隐有些不安,葬礼结束,迅速溜回洛阳。高太后得知温公不见了,接连责备主丧的官员,并遣特使星夜赴洛阳。二十天后,司马光再进京,半路上接到诏书,要他"过阙入见"。这是要他入主朝政的信号。

皇命一下,义不容辞。

时人评价:王安石以"术"进,司马光以"德"进。

司马光主政,起用了一大批贤臣,史称"贤人政治",又称"元祐更化"。王朝已历一百三十年,君子队伍依然可观。

司马光组内阁,上表推荐人才,苏轼赫然在册。另一个宰辅大臣吕公著也向高太后推荐苏轼。高太后真是喜上眉梢。喜从何来?她一向对苏轼青眼有加,只碍于神宗,不便插手朝政。神宗一去,她垂帘听政,正考虑用什么方式起用苏轼,却接到两个重臣不约而同推荐,她不高兴谁高兴呢?如果她夹带了一点私心,不便立刻重用苏轼,那么司马光、吕公著的荐表,确实来得正是时候。

高太后下旨,命苏轼知登州(今山东烟台蓬莱区),掌军政大权。苏轼领旨谢恩,但在给朋友的书信中,他反应平淡:"一夫进退何足道。"他又得调整心态，撇下刚买的宜兴田，隐藏了苏东坡，而让"屡犯世患"的苏轼再度登场。

前路说不准，却总得上路吧，于是举家掉头向山东……

走了三个多月，登州任上仅五天，新的任命复至：升苏轼为礼部郎中。全家人床还没睡热呢，又起程了。

不过苏轼动作快，五天干了两件大事：请求朝廷变更当地的军事部署，免除食盐专卖。后者源于他的一贯主张：民间一定程度上的贸易自由。盐、铁、酒、茶的专卖他都反对，而且走到哪儿反到哪儿。登州、莱州的百姓皆受惠。后来，登州人想念他，在海边建了苏公祠，祠堂一副对联："五日登州府，千年苏公祠。"

苏轼至京师，在朝半个月，升为起居舍人。三个月后，免试而为中书舍人。中书省是最高行政机构，设于宫禁中。中书舍人例兼知制诰，替皇帝起草诏书，位高而权重。

赵宋开国以来，免试而为中书舍人者，只有欧阳修等三个人。现在又加上苏轼。

升迁如此之快，百官为之瞩目，苏轼自己也晕头转向。他刚五十出头，居翰林院要职，这不是明摆着要当宰相吗？中唐及北宋翰林院，均被视为储备宰辅之地。而苏轼具备宰相的才能，宋仁宗早就讲过，那是二十多年前的事了。司马光年迈，身体又不好，君实一旦退下，子瞻定会补缺……

朝廷这些议论，其实对苏轼不利。还朝不到一年，他成为舆论的焦点，关注的中心。于是拆台的小人随即到来，由小人的逻辑所推动，站到苏轼的对立面，百般与他纠缠。

苏轼回汴梁三年多，避小人如避苍蝇。然而苍蝇一直叮他，围着他嗡嗡叫。

当时政局复杂。司马光主政，朝着"贤人政治"的方向努力，他德高望重，庶几能够控制局面。高太后支持他恢复仁宗朝的旧制，毕竟仁宗在位四十二年，治理国家有一整套成功的经验。司马光勤勤恳恳，几至呕心沥血，豁出老命要让国家走上正轨。不过他犯了一个走极端的毛病：尽废熙宁新法。他外表温和，内心与王安石一般固执。王安石的新法实施近二十年，有些明显失败了，却也不乏成功的例子，如方田法、免役法，司马光一概推倒，有害于朝廷法度的连续性，不利于官员团结。朝廷各部门许多官员是"熙宁人物"，他们嗅到了危险，必定联手反抗。

掌枢密院（枢密院在兵部之上）的章惇跟司马光正面为敌，毫不示弱。这个章惇也是北宋一大怪才，有时行事像英雄，有时直接是魔鬼。他自幼博览群书，行走官场三十年，是熙宁变法的受益者，从地方县令做到枢密院首脑。他不会去讨好司马光，讨好也没用。他敢当着太后的面对司马光大吼大叫。司马光说免役法有五害。章惇上书几千言力加驳斥，不给司马相公一点面子。二人闹到太后的御座前，章惇竟然咆哮："他日安能奉陪吃剑！"他长得像金刚，咆哮有如狮子吼，当年在商州，连鬼和老虎都怕他。这是单挑的意思，等于掷出白手套跟对手决斗。然而司马光"气貌温粹"，说章惇骨子里是个市井之徒，却在庙堂撒野十年。这位目光能穿越千年的历史高人，其"内力"哪里在章惇之下。

苏轼跟章惇是同年进士，在凤翔有过愉快的交游。"乌台诗案"中章惇在紧要关头呵斥宰相王珪，苏轼一直铭记着。现在他十分为难。苏东坡试图调和司马光与章惇的矛盾，但他没有意识到两个人之间的根本对立。江湖高人不可能一夜间变成庙堂智者。苏的调和殊为不易。

更麻烦的是，苏轼和司马光政见也不合了，苏轼也不同意尽废熙宁新法。原则之争，苏轼不让步。当年反对王安石，他位卑职小已经跳得很厉害，眼下他位高权重，把司马光弄得非常头疼。议事每每不合，谈不拢，温公渐渐看苏公有些不顺眼了，"有逐公意矣"。

苏轼的性格也令司马光不愉快。大臣们聚集的场合，一般都听政府首脑讲话，苏轼却要嚷："温公不能让我等说几句吗？"司马光回答："好，你讲吧，我不讲。"

苏轼当仁不让地讲起来了，司马光却慢慢朝屏风后或花园走去⋯⋯

苏轼回家，犹自气呼呼的，半夜还在嘀咕："司马牛，司马牛！"

王安石人称"拗相公"，司马光又是"司马牛"，苏轼怎么办呢？难办。

司马光执政一年，由于劳累过度，几乎是死在办公桌上。高太后大恸。雄心勃勃的"元祐更化"、大力推行的"贤人政治"失掉肱股之臣。她再有能耐，要镇住七翘八拱的百官、派系林立的政局，确实力不从心了。

荆公、温公都是说一不二的铁腕人物。而封建政权的格局，要么需要独裁皇帝，要么需要铁腕大臣，否则就镇不住朝堂，管不了百官。司马光去世，高太后痛哭，她哭的正是这一点。有学者称高太后为"女中尧舜"，她有尧舜之心，却无尧舜之力。也许她真有过让苏轼当宰相的念头，但政治这东西讲究"势"，时殊势易，苏轼备受小人的围攻，"谤书盈箧"，"二年之中，四遭口语"，她不得不摁下自己的念头。

前面提过，高太后是苏轼诗文的忠实读者。她年轻守寡，独居深宫若干年。苏轼每有新词，她必吟诵再三，安排宫中乐人演唱。事实上，这也是几十年来大宋皇室的一个传统，后来又传到了徽宗、高宗、孝宗。宋孝宗视苏东坡为隔代知己，精读了苏轼卷帙浩繁的全集。

司马光去世的另一个后果是：攻讦苏轼的小人空前活跃，以致高太后迫于形势，在京城之外为苏轼安排一美缺。此系后话。

宋代青年真有福,能够崇拜苏东坡

公元1087年前后,即宋哲宗元祐初年,苏轼在汴梁日子滋润。他长胖了,有了肚子,放在今天可能二尺六七的腰围吧!他原本个头高,此间偏胖,照样有身材,有型。苏辙也做京官,高而瘦。兄弟二人同受太后的恩典,"内翰外相",显赫一时。两家人又住得近,常常抬腿就过去了。两家合起来有几十口之多,苏辙的妻子史夫人生女孩不少,每次分娩都格外紧张,巴望再添男孩,却又是女孩……苏辙说:"没事,没事,女孩挺好的呀!"

眼下的苏辙有了北方口音。苏轼一直讲西蜀的眉山话。

苏轼自创一种帽子,高筒,短檐,殊不知戴了几回,全城都流行起来了,呼为"子瞻帽"。京城的儒生,外地的考生,几乎没有不弄一顶子瞻帽盖在头上的。一般后生乃至中年男人皆仿效。逢节日,有时清一色的子瞻帽攒动于大街小巷。皇宫里伶工演杂戏,两个优伶各戴子瞻帽,互相夸耀学问,小皇帝扭头看苏轼看了很久。高太后抿嘴笑笑。

宋代青年真有福,能够崇拜苏东坡。

司马温公之后,苏子瞻是全国首屈一指的大名士。

他下班回家,有个摩腹的养生动作,家里人开玩笑,说他的肚子里全是文章。唯有王朝云说:"先生一肚子不合时宜呢!"

苏轼大笑。

欧阳修之后,苏东坡又是公认的文坛领袖,书画宗师。苏府门庭若市,车如流水马如龙,翰林大学士如驻春风。宫中太监老往苏宅跑,太后的御赐之物一件接着一件,小到一包茶、一盒酥,大到一匹马、一盏堆金砌玉的金莲烛。如此显贵的门第,能进去喝杯茶就足以炫耀于人了。士大夫的信条:能处富贵,能安贫贱。谁是楷模呢?当然是苏东坡。对寒士他有求必应,对达者也尽量帮忙。这些方面的资料多证据足,宋人一千多种笔记,很难找到一种不提苏东坡的。

当年,苏东坡等十六人在汴梁西园雅集,李公麟作《西园雅集图》,米元章作记。古代文人雅集之盛,最数兰亭与西园,二者相隔八百年。文化的传承,需要具有持久传播力的文化事件。

西园的园主就是前文提到的驸马王诜。他收藏了大量古玩字画,他自己也是画家、玩家、鉴赏家、活动家。

画面上的十六个人,都是名噪一时的人物。在王诜的豪华私家园林,或书,或画,或弹琴,或沉思,或与美姬交谈。穿黄色道袍居中而坐的是苏东坡,正运笔写字。东坡道人身后,名流闲观,佳丽翘首。

米芾在《西园雅集图》题记云:"其乌帽黄道服捉笔而书者,为东坡先生。……孤松盘郁,后有凌霄缠络,红绿相间。下有大石案,陈设古器瑶琴,芭蕉围绕。坐于石盘旁,道帽紫衣,右手倚石,左手执卷而观书者,为苏子由。团巾茧衣,手秉蕉箑而熟视者,为黄鲁直。幅巾野褐,据横卷画渊明归去来者,为李伯时。披巾青服,抚肩而立者,为晁无咎。跪而捉石观画者,为张文潜。"黄庭坚字鲁直,李公麟字伯时,晁补之字无咎,张耒字文潜。

服饰、姿态、性情、古木、花竹、器物、画卷和题记皆耐读,主要是氛围,弥漫着出尘之气,庶几有神仙之境。

有趣的是,这些人都是官员,却无一人穿官服,偶见乌帽而已。苏子由官最大,并未居中。苏东坡居中,米芾称东坡先生而不称子瞻,区别于其他人。

东坡先生诗云:"我坐华堂上,不改麋鹿姿。"

仕与隐,出与处,行与藏,进与退,看来可以是同一件事。

古代大文人走向官场又背向官场,生强对流张力区,生风雨雷电,也生宁静的风暴眼。《西园雅集图》乃是典型的、标志性的风暴眼。宁静之能量,直接来自喧嚣与骚动。

西园雅集中不乏女流。其中就有王诜的一房宠姬,名叫啭春莺,美艳绝伦。苏轼也为她倾倒,写《满庭芳·香叆雕盘》赞美她。王巩更有意思,他是名相之孙,名臣之婿,从小娇生惯养的,却因"乌台诗案"受牵连,贬到了蛮荒瘴疠的柳州(今广西柳州柳城），一去五年，学苏轼泰然处之，居然做到了，俨然是苏门嫡传弟子。王巩的漂亮侍妾，复姓宇文，名柔奴，一直跟随他身边，受苦受累毫无怨言。苏轼很感动，特为柔奴写一阕《定风波·南海归赠王定国侍人寓娘》，下阕云：

> 万里归来颜愈少，微笑，笑时犹带岭梅香。试问岭南应不好，却道：此心安处是吾乡。

"此心安处是吾乡"，原是宇文柔奴的句子，苏轼身边的一个人默默记下，并与柔奴成了一见如故的好友。她是二十五岁的王朝云。

女子不变节，男人却能变脸。画《西园雅集图》的李公麟，后来露出了另一副嘴脸：苏轼倒霉南迁，他在大街上相遇却装作没看见，以扇遮面而过。苏轼一笑置之，不当回事。

"眼前见天下无一个不好人。"

就像一个快乐的人，看什么都快乐。

苏轼在汴梁的文字佳作不多，以前也这样。京师的富贵荣华，难以形成强烈的艺术冲动。写字、画画倒常有。书画风雅事，于生命冲动的诉求比之文字稍逊一筹。他变成了文艺理论家，分析自己的作品说：

> 吾文如万斛泉源，不择地皆可出，在平地滔滔汩汩，虽

一日千里无难。及其与石山曲折,随物赋形而不可知也。所可知者,常行于所当行,常止于不可不止,如是而已矣。其他虽吾亦不能知也。

这段文字,是古典文论的经典。苏辙感慨道:"东坡黄州以后文章,余遂不能追逐。"

做弟弟的,怎么追也追不上。哥哥的身影永远在前边。

苏轼说:"某平生无快意事,惟作文章,意之所到,则笔力曲折,无不尽意。自谓世间乐事,无踰此者。"

这话值得玩味。写文章是与造物同游,描绘自然诉说人事,天风海雨汇于笔下,以一人体验千万人,等于让个体生命无限延伸。深谙各类世间乐事的苏东坡,把写作行为推向生存体验的制高点。

写作与语言同在,而语言是"存在"的家。语言隐藏着人类生活的全部密码。

苏轼论画云:"论画以形似,见与儿童邻。"

绘画的变形、重神似,他是先驱者之一。

他写字、画画用的笔墨纸砚十分考究。索要字画的人太多,他不轻易动笔了。不过,朋友乃至朋友的朋友,都知道他有两个弱点:一是见不得好纸墨,见了手会痒的;二是请他喝美酒,醉后必有醉书。比如,送他南唐李煜常用的澄心堂纸,他必定眼睛发亮,呼笔墨伺候。他爱用的笔叫张武笔,现已无考。

翰林院有个姓韩的同事更有绝招：凡事不面谈，专门给苏轼写信，意在得到苏轼的亲笔回信。

黄庭坚说："蜀人极不能书，而东坡独以翰墨妙天下，盖其天资所发耳。"

苏轼自己讲书法的感觉："吾酒后，乘兴作数十字，觉酒气拂拂，从十指上出去也。"

苏轼的书画真品现珍藏于海内外的，有五十余件。

文豪的小毛病

后人一般以为苏东坡有一副菩萨心肠,对谁都好,"眼前见天下无一个不好人",其实不然。他不是两可人,不是乡愿人,不是面团人。

苏轼还朝后先担任起居舍人,后免试而为中书舍人。中书省是最高行政机构,设于宫禁中。中书舍人例兼知制诰,替皇帝起草诏书,位高而权重。

中书文件太多,苏舍人每天加班加点。

吕惠卿遭贬,要起草贬谪制书,当时却是刘贡父在禁中值班,苏轼大喊:"贡父平生作刽子,今日才斩人也!"于是刘贡父称病,让苏轼来操刀。"责词"曰:"具官吕惠卿,以斗筲之才,挟穿窬之智。诣事宰辅,同升庙堂。乐祸而贪功,好兵而喜杀。以聚敛为仁义,以法律为诗书。首建青苗,次行助役。均输之政,自同商贾;手实之祸,下及鸡豚。"

苏轼的矛头又对准李定:"右臣等看详,李定所犯,若初无人言,即止是身负大恶。今既言者如此,朝廷勘会得实,而使无母不孝之人，犹得以通议大夫分司南京，即是朝廷亦许如此等类得据高位，伤败风教，为害不浅。兼勘会定乞侍养时，父年八十九岁，于礼自不当从。定若不乞，必致人言，获罪不轻。岂可便将侍养，折当心丧？考之礼法，须合勒令追服。"

苏轼认为高太后对李定的处理轻了，于是不撰词头，不拟文件。太后莫奈何。朝廷本来把李定贬到繁华的扬州居住，现在贬到了小山城滁州（今安徽滁州）。

爱憎分明，是非明确，乃是历代大文豪的显著特征。爱一切人是假爱。爱是什么？爱就是恨。爱是价值所系，价值与非价值势同水火。对邪恶宽容，就是邪恶的帮凶。

浩然之气绝不是一团和气。孔子说："众好之，必察焉。"大家都喜欢的人，这种人一定要加以考察。是非观模糊的背后，一定是利益图清晰。

苏轼同文人墨客或官场中人的交往中，有机会发挥嘲笑人的专长。年轻时他就擅长此道，现在到了知天命的年纪，戏谑的手段渐入化境。估计朝廷的高官都有些怕他。如果他官小，他们尽可以怒目而视，当面呵斥他。问题在于，苏轼亦是高官，名满天下的高官。高官对高官，就看谁有本事用言辞将对方压倒。嘲弄往往比呵斥更有力，有时甚至令人感到惊恐。苏轼未必是恶意的，但他的言辞过于锋利，往往让人受不了。在他是习惯使然，处在他周围的人则不得不养成受他嘲笑的习惯。有时别人也回敬他，哪怕明知不是他的对手。戏谑一时竟成风尚。我想，这也从一个侧面反映了北宋政坛的某些宽松局面。

苏轼同官员、文人戏谑，一般叫作雅谑。这些戏谑无伤大雅，能登大雅之堂。内容是关乎诗词、书画，也涉及日常生活。苏轼乐此不疲，想必从中得到了不少乐趣。日子太舒适，他写不出传世之作，便以此为消遣，以种种妙语，表现聪明才智。

前文提到的刘贡父，系苏轼老友，"晚苦风疾，鬓眉皆落，鼻梁且断"。一日他与苏轼等人小酌，各引古人语相戏。苏轼盯着刘贡父的鼻梁，忽然吟道："大风起兮眉飞扬，安得壮士兮守鼻梁。""座中大噱，贡父恨怅不已。"苏轼这是修改、活用刘邦的《大风歌》，改得很巧妙，却差点把老朋友当场气死。

又有一天，苏轼谒见宰相吕微仲，后者以体形硕大知名。那天正赶上吕微仲在睡午觉。苏轼等了半天，这吕胖子才慢腾腾地走出来，犹自打着哈欠。恰好客厅养着一只乌龟，亦是体形硕大，懒洋洋的，苏轼指着乌龟说：

> 此易得耳。唐庄宗时有进六目龟者，敬新磨（人名）献口号云："不要闹，不要闹，听取龟儿口号：六只眼儿睡一觉，抵别人三觉。"

苏轼善戏谑，诸如此类。确实是高水平的笑话。不过上述两则笑话既伤老朋友，又得罪政府首脑，大可不必。有一位范纯夫,以告诫苏轼戏谑出名,苏轼犯了戒,往往受到他的批评。这范纯夫是不留情面的,正如苏轼开玩笑不留余地。范纯夫批评苏东坡,永远板着一张脸,所以后者想方设法躲着他。一旦有了新的戏谑事件,苏轼必对人讲:别让范纯夫知道!

眉山人常言:卤水点豆腐,一物降一物。

苏轼之于戏谑,看来有瘾,正如今人之于香烟美酒。

苏轼既为文坛盟主,请他点拨诗文的后生自是一浪高过一浪。这是一支庞大的队伍,而他们当中的大多数人只能站在远处翘望。能踏入学士院者,已是过了重重关隘。这一天,来了一个有些背景的后生,踌躇满志地站到苏学士的面前,抑扬顿挫地念了一首诗,然后毕恭毕敬地等候发落。

学士大人捋须笑道:"不错,不错,可得十分。"

后生大喜过望,左顾右盼,满脸得意。

学士慢悠悠地补上一句:"诗有三分,吟有七分。"

后生目瞪口呆,在众人的嘲笑中夺门而走,落荒而逃……

好了,该打住了,以一介后生的拙劣与渺小,并不能陪衬苏轼的精致与伟大。苏轼在这类事件中所表现的机智,放在一个大的背景中加以审视,未必值得津津乐道。

名人也会有毛病。

元祐初年的苏轼,同"苏门六学士"及书画家们日相往还,制造了许多文坛掌故。闲着没事,随便翻翻是可以的,认真地加以叙述,却是小题大做,在名人身上刻意地寻找鸡毛蒜皮,因此略掉也罢。

大诗人待在繁华京城,佳作几乎没有。苏子自叹:"三年光景六篇诗。"六篇诗也寻常。

优秀的工程师

元祐四年（1089），苏轼除龙图阁学士、充浙西路兵马钤辖，知杭州军州事。浙西路辖七个州：杭、湖、秀、越、睦、润、常。苏轼钤辖浙西路，军、政两摄。

当年的通判，现在的龙图阁学士兼地方大员，飞黄腾达不在话下。重游西湖，"不见跳珠十五年"。但苏轼这个人为官是要做事的，绝不会忙着去享受。他有巨大的名望，有高太后这样的后台支撑，即使做个享乐型庸官，谁会责怪他呢？以官场进退术来看，他做庸官效果更佳，京城那帮争名夺利的小人将不复记挂他。相反，他做出成绩了，小人则不会放过他。他这种正人君子，一旦当宰相统率群僚，贪官庸官将无地自容。木秀于林而风必摧之。苏轼的悲剧，也许正源于此。

浙西七州，经市易、青苗、榷盐诸法反复折腾后，不再是富甲江南了。眼下又逢凶年，苏轼向朝廷紧急请求度牒数百道，对浙西"意外持护"，恢复它的生机。度牒是和尚、道士的身份证明，由朝廷专卖。持度牒可免田赋，地主愿意花钱买。

苏轼雷厉风行，着手疏浚杭州的两条运河：茅山河与盐桥河。上游修闸门拦水以提高水位，调动厢军配合民工，挖河道中淤积的泥沙。只数月，两条河通畅了，货船连帆而来。市民结队欢呼，"三十年以来，开河未有若此深快者"。

引淡水的工程也开工了。杭州城内有六口大井。十七年前，苏轼协助陈述古整治过一次，如今又淤塞。苏东坡重治六井，恭请内行主持，一面淘深井，一面将引水的竹筒改为瓦筒，"永无坏理"。复于城北新挖两口大井，将西湖水引入，使以前饮水困难的城北市民近便取水。"西湖甘水，殆遍一城，军民相庆"。

苏东坡帅杭才半年，干了几件大事。这也表明，熙丰官员治理地方很成问题，私心重了，自保官帽是头等大事。杭州号称东南第一州，常住人口竟然减少一半。

官场风气日坏，苏轼逆风而行。逆官风，才能顺民意。

民意聚集之处，在西湖。西湖病了，且病得不轻，"水面日减，茭葑日滋"，葑田占去水面的一半，"更二十年，无西湖矣"。苏轼在杭州的任期可能不足两年，却忧心二十年后的西湖。

西湖三面环山，一面通江，群山的雨水流入湖，灌溉、饮水都靠它。如果西湖淤塞了，不能蓄水，则会造成水旱皆成灾的糟糕局面，杭州城将永无宁日，城市规模会越来越小。苏轼反复向中央政府阐述治理西湖的重要性，希望朝廷下决心，允许他开大工，清除湖中所有的葑田，保住杭州这个利在千秋的大蓄水池。

苏轼形容:"使杭州而无西湖,如人去其眉目,岂复为人乎?"

《申三省起请开湖六条状》:"西湖之利,上自运河,下及民田,亿万生聚,饮食所资,非止为游观之美。"

泥沙杂草年年堆积,葑田日增,西湖淤塞已过半,病西施花容惨淡,气息奄奄了。杭州人最忧,集体请求苏知州。而后来的杭州知州,林希是相当复杂的官僚,吕惠卿是小人之尤,只会让西湖病入膏肓。即使来了不错的官员,也不可能同时具备苏轼的美政冲动、政治资源和水利工程技术,西湖将死亡,或半死不活,城市水旱皆灾,形成长期的恶性循环。到南宋定京城,也不可能选杭州。

苏东坡救西湖,就是救杭州。这是元祐五年(1090)。

十万民工干起来了,兵工、吏工、和尚、道士、志愿者,杭人有钱出钱,有力出力。苏轼有三个得力助手:两浙兵马都监刘季孙、杭州税监苏坚、钱塘县尉许敦仁。各方协同大会战,分头去忙碌,有矛盾不扯皮。"总指挥部"寥寥数人而已,可是效率惊人。

为了赶工期,苏轼不分昼夜巡视在浩大的工地,吃民工饭,喝民工水。领导带了头,部属变了样,一个个吃糙米饭狼吞虎咽。端午节,杭州市民送来大量猪肉,苏轼命人切成方块,支若干口大锅于热火朝天的开湖工地,用文火慢慢炖,"火候足时他自美",民工们全都吃笑了。"东坡肉"在杭州传开了。这美食有了杭州人的美好记忆，复传于两浙十几个州。

挖出来的葑田多达二十五万丈。如此巨量的泥沙怎么处置？苏公夜巡白公堤，灵感像闪电般照亮了西湖。用这湖泥筑一条贯通南北的长堤，将大大缩短市民绕湖而行的距离。当时，绕湖到对岸，要走三十多里。苏轼《与章子平十五首（之八）》："葑脔初无用，近以湖心叠出一路，长八百八十丈，阔五丈，颇消散此物，相次开。"

诗人赋诗：

> 六桥横绝天汉上，北山始与南屏通。忽惊二十五万丈，老葑席卷苍云空。

苏公堤从此铺在湖上，千百年一胜景，辉映白公堤。白、苏二人真是有缘分，写西湖俱称颂于世，苏轼的东坡名号也仿效白居易忠州东坡之名。

南宋《梦粱录》记载苏公堤："自南迄北，横截湖面，绵亘数里。夹道杂植花柳，置六桥，建九亭，以为游人玩赏驻足之地。"

苏轼又鼓励杭人种菱角于湖边浅水，减少了葑草对湖面的侵占。种菱有收益，利于长远。苏轼写道："卷却西湖千顷葑，笑看鱼尾更莘莘。"

明朝杨升庵说："东坡杭湖、颍湖之役，不数月间而成不世之功。"

今天的杭州人亲切地称苏东坡是"我们的老市长"。密州、徐州、扬州、颍州，也称苏东坡老市长。这位市长没有名片，却是盛名永流传。

东坡率领杭州官吏游长堤，欣喜之情溢于言表："我凿西湖还旧观，一眼已尽西南碧。"有市民问他：如此厚爱杭州，是否因为杭州人一向对他情义重？"乌台诗案"期间杭州人纷纷相约，为他做解厄道场；贬黄州时，杭州人专车载物去慰问："一年两仆夫，千里问无恙。"

苏东坡笑而不答。美政冲动无穷，何处不是杭州？只不过眼下他有高太后的支持，能干大事罢了。

何谓好官？永远觉得自己做得还不够好的官员是好官。

苏东坡守杭，干了三件事：救湖，救城，救人。

元祐五年（1090），杭州洪涝之后又遇大旱，疫病流行。熙宁以来，杭州屡发瘟疫，有一年死了几万人。此时苏轼手头的一味神药派上了大用场。神药名为"圣散子"，是眉山老乡巢谷的祖传秘药。当年巢谷离开黄州时，郑重交给苏东坡，要他指江水发誓，绝不把秘方外传。东坡指江水发誓，背过身就窃笑。中医有个毛病：传内不传外，传男不传女。这导致医术与良方大量失传。苏东坡不理会千百年的陈规陋习，也不一味讲所谓言而有信、君子一言、一诺千金。

药到病除，且药价便宜，一服只收一文钱。苏轼写下"千钱活千命"——这是他宣传圣散子的广告诗，浓墨写在安乐坊的大门前。《年谱》："东坡设安乐坊，命医官为疫者治病，全活者甚众。施圣散子方。"

安乐坊，可能是中国古代最早的慈善医院。据苏辙讲：苏东坡拿出私蓄的黄金五十两，拨官钱二千缗，建成此坊。《宋会要辑稿》："苏轼知杭州日，城中有病坊一所，名安乐，以僧主之。"这安乐坊，南宋犹存。

仁慈的官员总有仁慈的办法。圣散子加安乐坊，救杭人无数。

苏轼写于次年的《圣散子后叙》："去年春，杭之民病，得此药全活者，不可胜数。所用皆中下品药，略计每千钱即得千服。"

他未提那多年积攒下来的五十两黄金。

知杭州十八个月，美政彪炳史册，逸事众口争传。杭州人家家户户供着他的画像：丰颊，广额，短须，双目炯炯而含笑。东坡上街，逛庙子，下馆子，常苦于被人认出来。小孩儿都认识他，酒鬼、流浪汉都笑嘻嘻地招呼他。

当年他通判杭州，监狱里关满了犯盐事的百姓，如今"庭事萧然，三圄皆空"。酷法废止了，酷吏没有了，士农工商乐其业，安其居。背井离乡的杭州人又回来啦！

人们欢呼知州大人，他说："盖同僚之力，非拙朽所致。"

丰碑在何处？在杭州十万户的心中。人们在西湖苏堤上为东坡建了一座生祠，一代代为东坡先生祝福。九年后，吕惠卿知杭州，强拆了这座生祠。

家家户户的画像却是拆不掉的。杭人吃饭饮水，必祝福苏东坡。

次年，高太后召他还京，想委以重任。小人一蹦八丈高，拼命排挤他，官场推手，政治打手，有名有姓的七八个，全冲着他来了，像一群野狼驱赶一头雄狮。太后也无能为力。苏轼还京三个月，又带领全家人踏上宦游路了。

苏轼的一生，何止一百次在路上？寸寸抚摩山水肌肤，步步丈量生存境域。有趣的、神秘的地方就逗留十天半个月，将民风民俗连同村酿村菜体验一个饱。车行，马行，舟行，步行，他不大喜欢乘坐肩舆（轿子）。全家老幼十几口边玩边走，日行五六十里罢了，看不够的春花秋月，竹林茅舍，麦浪稻浪，平冈高丘。南方的妩媚、北方的粗犷，尽收眼底。

养浩然之气，就是这么养的。

农耕文明催生严格意义上的文化大师，大学问、大境界、大感觉、大疼痛……孔子、屈原、司马迁、苏东坡、曹雪芹，皆是百科全书式的人物，而曹雪芹才活了四十几岁。当下以及可预想的未来，这类人物不大可能出现了。因此，回望古代有了紧迫感。我担心，资本的逻辑一旦掌控了文化，会导致文化的虚无主义、生活的享乐主义甚嚣尘上，把我们的文化先贤搞变形，进而危及民族的优秀传统、价值体系……

苏轼宦游四十多年，足迹"半天下"，走了几十万里，未见他有遭遇盗贼的记载，可见当时治安状况良好。杜甫曾经形容唐朝开元年间的情形："九州道路无豺虎，远行不劳吉日出。"

唐宋的全盛期，值得中国人永远骄傲。

且说元祐六年（1091），苏轼离开杭州，百姓纷纷送行，"洒泪多于江上雨"。

接下来的两年多，苏轼出知颍州、扬州、定州，所谓"二年阅三州"。三地各有建树，史料确凿，包括苏轼本人的诗文、书信和奏折。用"勤政爱民"这类词来形容他，再平常不过了。他爱民的冲动源远流长，有权无权都一样，只不过权力在手，作为更多而已。

泛舟颍州西湖，苏轼写下著名的五言诗《泛颍》。

> 我性喜临水，得颍意甚奇。
> 到官十日来，九日河之湄。
> 吏民笑相语，使君老而痴。
> 使君实不痴，流水有令姿。
> 绕郡十余里，不驶亦不迟。
> 上流直而清，下流曲而漪。

画船俯明镜,笑问汝为谁?
忽然生鳞甲,乱我须与眉。
散为百东坡,顷刻复在兹。
此岂水薄相,与我相娱嬉。
声色与臭味,颠倒眩小儿。
等是儿戏物,水中少磷缁。
赵陈两欧阳,同参天人师。
观妙各有得,共赋泛颍诗。

这首诗就像颍水,不疾不缓地展露姿容。当然是女性的姿容。东坡与之嬉戏,须眉皆乱,转眼又还原了,东坡还是东坡,颍水还是颍水。

元祐七年(1092)二月,苏轼改知扬州。他就这么被调来调去的,反正也习惯了,无所谓。洛阳的牡丹很有名,知州每年作万花会,上级下级花天酒地,成为一大民害。扬州的芍药也很有名,蔡京在扬州做知州时,仿照洛阳的万花会,用花十多万枝。苏轼到扬州,首先停止了这类粉饰太平、劳民伤财的活动。他写信给王巩:"花会检旧案,用花千万朵,吏缘为奸,乃扬州大害,已罢之矣。虽杀风景,免造业也。"

《东坡志林》又载:"余始至,问民疾苦,以此为首,遂罢之。"

花是好东西,人人都喜爱,大诗人尤其喜爱,然而鲜花泛滥成灾，市民为其所累，几个人高兴（搞钱、讨好上司），几万人受苦（官府命百姓种花，以极低的价格收购），花就不再是好东西了，不管你是牡丹花，还是芍药花。

苏轼到扬州时，扬州一片丰收景象。然而丰年不如凶年。做官的都说丰年好。丰年本来就好嘛，自古以来，人人都说丰年好。好收成带来好生活，好生活带来好心情，普天同庆丰年好。一般的行政长官想来是乐意附和的，然而苏轼并不。他做过多年的地方官，经验相当丰富。他展开调查，"屏去吏卒，亲入村落，访问父老"。父老吐露真言：凶年节衣缩食，犹可糊口；丰年要交积欠，胥吏在门，枷棒在身，老百姓反而活不下去。苏轼算了一下，全国有二十余万从事催欠的吏卒，等于二十万只虎狼奔走咆哮于民间。苛政猛于虎，猛于水旱之灾。

这二十万虎狼全都变成绵羊，或者干脆解散，就地消失，百姓的日子就好过了。不过，这样一来，朝廷的财力会十分紧张。解散全国的虎狼吏卒是不可能的，苏轼为官一地，却总是忙于解决积欠的问题。在杭州如此，在扬州亦如此。这可能得罪朝廷。其他地方官想必不会这么干，但苏轼不管。他的目光绕不开穷人的脸，这使他有了一种悲悯。朝廷总有办法的。富人总有办法的。而穷人的生死，就悬于对富人而言微不足道的那么一点积欠。

苏轼一以贯之地向着民间，早年如此，晚年也如此。做知州的苏轼真是令人可亲可敬。

在颍、扬各半年后，朝廷诰下：苏轼以兵部尚书召还，兼侍读，做哲宗皇帝的老师。此前他已是龙图阁学士，一身而双学士，有宋一代的翰林院不多见的。高太后确实器重他，却未必出于私心，他在京城、在地方都干得那么好。苏辙时任门下侍郎，相当于副宰相。兄弟俱荣耀，"内翰外相"，有些个官员非常紧张：这不是把持朝政了吗？苏轼或苏辙有朝一日真的当上宰相，他们必定没戏。于是，这些人条件反射般动起手脚，先下手为强。苏轼还在从扬州回京城的路上，种种诬陷就像箭一般飞向他了。

入京，他请辞兵部尚书，高太后倒是恩准了，却让他担任礼部尚书。他再辞，乞一郡，如出知越州（今浙江绍兴），太后不允。苏轼惧怕谣言，可是有她在呢，一切替他担着。

苏轼硬着头皮上，专心一件事：做帝王师。

宋哲宗已长到十七岁，快要亲政了，但没有具体的时间表。小皇帝很不耐烦，每次上朝，太后在前他在后，于是抱怨说："朕只见臀背。"这少年有心理疾病，凡是高太后宠信的人，他都不喜欢。苏轼煞费苦心准备的教材，他听得心不在焉。侍读的地方叫迩英殿，教皇帝读书称"经筵"。苏轼教哲宗始于元祐初年，是小皇帝的老师父了，却是越教越艰难。想让皇帝学习唐太宗，这发育迅速的男孩却迷上汉武帝：大权在握，后宫八千……哲宗小小年纪，对女色的经验已积累了不少，宫中猎艳频频得手。苏轼在这边绞尽脑汁，他在那边与宫女滚作一团。

苏轼只能仰天长叹。

子由劝哥哥说：我们尽力就行了，只求问心无愧……

而苏轼想得很远。

做帝王师是古代士人的最高理想，教出一个好皇帝，胜做百年好官。

苏轼对哲宗皇帝一筹莫展。他身上始终有高太后的影子，他不可能去掉这影子。一切努力均被它抵消。偏执少年阴郁的目光盯着影子不放，却又不明说。

苏轼晚年的命运被三个人决定：一是高太后；二是宋哲宗；三是大魔头……

元祐党争

大魔头现身之前,先有口齿锋利的小动物围咬苏轼,从元祐初咬到元祐末。——此系史家公论,并不是我感情用事。贾易、杨畏、赵君锡、黄庆基、张商英等十余人,因围攻苏轼而名留史册。"乌台诗案"之后又有"竹西寺诗案":宋神宗去世一个多月后,苏轼曾于扬州有名的竹西寺悠然题诗:

此生已觉都无事,今岁仍逢大有年。
山寺归来闻好语,野花啼鸟亦欣然。

皇帝死了,苏轼居然"闻好语",这是什么性质的问题?小人拿这个说事了。当时苏轼从贬谪之地黄州复起,沿途访旧看田,流连宝刹,心情颇不错,遂流露于笔端,却让贾易、赵君锡捏了把柄。事情闹得很大,高太后直接干预,苏轼才躲过一劫。

苏轼做地方官一般没事,回京城总有麻烦。

眼下他的一大罪名是推荐蜀人及门人做官,形成所谓"蜀党"。他结党营私。

元祐八年（1093）四五月间，谏官黄庆基等连上七个奏章弹劾苏轼，小人反指君子是小人，其中说："苏轼天资凶险，不顾义理，言伪而辨，行僻而坚。故名足以惑众，智足以饰非，所谓小人之雄，而君子之贼者也。"

朝廷物议沸腾，欲巴结苏轼者，转过身去磨刀。然而宰相吕大防一改往日面团形象，站出来主持了一回公道。高太后乘势发力，罢免了黄庆基。

可是天有不测风云，这一年的夏末、仲秋，苏轼生命中两个极为重要的女人仿佛携手而去：王闰之病逝，高太后骤亡。

八月一日，王闰之卒，享年四十六岁。也许是因为操劳过度。她本是青神小城寻常人家的女儿，享受不来荣华富贵，凡事自己要动手，家中的儿子、孙子、媳妇，她个个要操心。"三子如一，爱出于天"，苏迈是王弗生的，闰之夫人视同己出。

九月三日，高太后去世。这就不仅是一个家庭的悲剧了。

高太后作为权力顶端的女人，拼尽全力要让国家走上正轨。然而，十年来让她悲伤的事不断：宋神宗崩；司马光累死；她的女儿也早逝，她每日以泪洗面。

国事一肩扛，家事尽凄凉。此前，高太后已守寡二十多年。

政治家需要铁石心肠，女政治家尤其需要。满朝乌纱帽，全是须眉男。官员之间又充满了火药味，派系林立，党争激烈。人被放进了利益链条,陆游感叹:"利欲驱人万火牛。"一万头火牛在利益的驱使下发足狂奔。而仁宗朝四十余年,人,大抵在道德与风俗的约束之中。

高太后有尧舜之心,并无尧舜之力。宋神宗以来的朝政,折腾又折腾。

朝廷所有的风暴最终都会扑打高太后,扑打这位六十多岁的老妇人。垂帘听政之初,她坚决,果断,俨然铁娘子。只几年,她就迅速衰老,老且病,病且哀。

国家是这个样子,官家(哲宗)是这个样子,臣子是这个样子……

高太后对哲宗是有疑虑的,担心这个孙子迟早要乱来,乱朝纲,乱天下。然而,哲宗是神宗的儿子,太后恒哀神宗之早逝,看孙子的目光不知不觉怜悯有加,审视孙子严重不足。她老了,念头的情绪含量高了,判断力下降。要命的是,她意识不到这种下降。

赵宋王朝已历一百三十多年,这个历史的紧要关头,高太后受制于她的身体状况、她的心理状况、她的情绪状况。她本可以废帝而另立,王室成员中并不缺明主的苗子。而高太后不能决断。到元祐末,她纵是有心也无力了。哲宗的羽翼已经丰满。

太后病了,孙子晨昏问疾,亲侍汤药,模样很孝顺。太后歪在病榻上想:也许孙儿将来会成为一个好皇帝,孙儿读了那么多圣贤书……宋哲宗脸上有一种奇怪的笑容,高太后察觉了,看不大明白。孙儿会假笑吗？这些年，孙儿向祖母敞开过心扉吗？太后在心里追问时，有个东西隐隐约约阻拦她，这种雾状的东西就是情绪。

有一天，高太后对范纯仁、吕大防等军政大臣哭诉："公等试言，九年间曾施私恩于高氏否？"她没有重用过一个高氏亲戚。宋代的开国智慧，严防武将、外戚、太监干政。

元祐八年（1093）八月，病转沉重的高太后对五个宰辅大臣说："公等亦宜早退，令官家别用一番人。"

可怜的太皇太后，垂死却惶恐。

宋哲宗脸色铁青，厉声喝道："大防等出！"

吕大防等人出宫殿，仰天悲叹："吾曹不知死所矣！"

宋哲宗在高太后的病榻前继续服侍汤药。祖孙皆沉默，只有孙子哑剧般的"孝顺"动作，以及垂死者游移的、衰弱的目光。

宋哲宗亲政的第二天，宣布重用十个太监，所有官员都惊慌失措。翰林学士知制诰范祖禹挺身而出，朝堂上博引史实，极言太监之乱政。中书舍人吕希纯封还词头，拒绝起草诏书。

范祖禹退朝，再上奏疏，苏轼附名同奏。疏曰："太皇太后之政事，乃仁宗之政事也。……九年之间，始终如一，故虽德泽深厚结于百姓，而小人怨者亦不为少矣。……此等既上误先帝，今又欲复误陛下，天下之事，岂堪小人再破坏邪？"

岂堪小人再破坏！如果龙椅上的那个年轻人就是小人之

首呢?

吕惠卿、蔡确已卷土重来,杨畏、赵挺之上蹿下跳。朝廷盛传,章惇要当宰相。

范祖禹是秦观的儿女亲家,大义凛然上书,不给自己留后路。秦观苦劝,劝不住。范祖禹这是自寻死路,丝毫不惧冒犯天颜。宋哲宗把范祖禹赶出京师。后来,这条铁肩担道义的朝堂汉子,苍凉,绝望,含恨死于贬所。范仲淹的儿子、右仆射范纯仁递辞呈。吕希纯备受冷落。苏辙门下侍郎的职位难保。苏轼将去河北定州……

小人再破坏,不幸被言中。高太后九年力推贤人政治,留下的一批贤臣良吏,几乎一夜间被清洗。历史倒车昼夜呼啸,反攻倒算如火如荼。

宋哲宗这个十八岁的变态小子君临天下。一己之私,个人之扭曲,发而为左右国家走向之恶毒。那些风雨如晦的可怕日子,苏东坡在京师闭门不出。

元祐八年(1093)九月,苏轼出知定州,这是高太后的临终安排。苏轼留京,小人必定来纠缠。他家后院有一棵梧桐树,秋风秋雨中,尽是伤心形状。"庭下梧桐树,三年三见汝。……今年中山去,白首归无期"。

苏轼作为地方官,将行,皇帝按惯例应当召见。可是任性的小皇帝不召见苏轼,百官顿时哗然。宋哲宗是要发出某种政治信号吗？

苏轼愤怒，上《朝辞赴定州论事状》，严厉批评这个学生皇帝："而使听政之初，将帅不得一面天颜而去，有识之士，皆谓陛下厌闻人言，意轻边事，其兆见于此矣！"

他再一次把话说绝了，然后坐等消息。皇帝的反应是毫无反应。

苏东坡出京，从此再未回来。元祐八年的秋天，斯人心比秋风凉。

定州是当时的北方军事重镇，苏轼干了一年多，大刀阔斧整顿数万禁军，不足半年，军纪为之一振。阅兵式威武雄壮，定州吏民赞曰："自韩琦去后，不见此礼至今矣。"

苏轼最后一次治理地方，卓有成效。官事之余，他玩仇池石、雪浪石，作画图无计。他在定州的书房叫"雪浪斋"。哲宗命人送了一包茶叶，苏轼品御茶，品不出师生情。

此时朝廷正在清除一批"元祐骨干"。一张黑名单，打击的高官多达三十余人，首列四朝元老、早已致仕的军机大臣文彦博。

1094年四月，哲宗改年号为绍圣。章惇粉墨登场，此后七年独相，权倾天下。

此时苏轼五十九岁了。就他永远高涨的生活热情而言，退休后的生活更像生活。定州半年，三个儿子，三房媳妇，儿孙满堂，笑语不断。苏迈踏上了仕途，苏迨、苏过考进士……

章惇害苏轼，苏轼可能至死都想不通。

四十多年的老朋友，一朝翻脸成了大魔头。学者们也有疑问，好像理由不够充足：这人怎么回事？专拿朋友动刀？当年救苏轼的是他，如今害苏轼的也是他。这两个动作仿佛是孤立的，不带情绪的转变。

小人行事的特征是除利益的考虑，不需要任何理由。苏轼名重，苏辙位高，名位俱备，所以一并屠之。

宋代不杀大臣，于是流放。

绍圣元年四月，苏轼责知英州（今广东清远英德）。

一个"责"字，令全家人触目惊心。

苏轼上《英州谢上表》："臣草芥贱儒，岷峨冷族，袭先人之素业，借一第以窃名。虽幼岁勤劳，实学圣人之大道，而终身穷薄，常为天下之罪人……恩深报蔑，每忧天地之难欺；福眇祸多，是亦古今之罕有。"

如此悲凉的文字，追溯到岷峨冷族了，不知道那个学生皇帝看了会怎么想。

苏东坡对皇帝说："累岁宠荣，固已太过，此时窜责，诚所宜然。瘴疠炎陬，去若清凉之地；苍颜素发，谁怜衰暮之年？"

皇帝的老师如此发哀声，是为一大家子考虑。家，眼看要散了。多么温暖的家……

苏轼对皇帝、宰相抱着一丝幻想。而远在贵州的黄庭坚写诗云："子瞻谪岭南，时宰欲杀之。"章惇下令，由吕惠卿来操刀。

按宋制，"责知"某地是要马上启程的，不像升迁可以磨磨蹭蹭。一夜间全家卷铺盖。走出几百里，第二道命令又至：降为从六品官。走到南都城外，苏轼写信给朋友说："某蒙庇粗遣，旦夕离南都，如闻言者尚纷纷，英州之命，未保无改也。凡百委顺而已。"

果然，六月走到当涂（今安徽马鞍山当涂），第三道谪命来了：责授宁远军节度副使，惠州安置。

这叫"道贬"。

苏轼被贬，是为罪臣，六品官、两学士及相应的俸禄一律取消。"许国心犹在，康时术已虚"，救正时弊的宏大抱负看来是要付诸东流了。

三改谪命都是章惇所为。这个超级政治打手出手异常凶狠，务必让挨打的人趴下，再也直不起腰。苏辙同样被章惇赶出了汴梁，"兄弟俱窜"。秦观、张耒、黄庭坚等"苏门学士"均遭贬黜。

苏轼面临着万里投荒，"陆走炎荒四千里"。他的抉择是，带苏过一人远赴贬所，翻过大庾岭到惠州。苏迨带领其他眷属到宜兴去，和苏迈同住。家人不同意，但老人态度坚决：这事没的商量。家人哭成一团。唯独朝云沉静，她也决定了，和王巩的爱妾柔奴一样，随心爱者到任何地方，"此心安处是吾乡"。苏轼劝她没用。

她和苏轼一样坚决,所以她沉静。

苏家的几个家仆、家伎各得若干银两细软,各奔前程去了。

所有这一切,就像一台戏。

然而什么样的戏,能揭示出苏东坡的内心?

挂钩之鱼,忽得解脱

九月,苏东坡过大庾岭。在浙西做知州的张耒派来两个士兵护送,苏轼写信谢曰:"来兵王告者,极忠厚。……当时与同来者顾成,亦极小心。"

一行五人,深秋时节过岭,要走五六天。持械的士兵小心护送,防野兽和剪径的山贼。章惇没料到这个,他远在京师,害人的细节也不能谋划周全。此前,苏轼试刀看剑,苏过枪棒不离身,为过大庾岭做准备。荒山野岭,路是没有的。茅屋孤灯,却见逐臣挥笔。《过大庾岭》:"浩然天地间,惟我独也正。今日岭上行,身世永相忘……"

命运的低谷反指艺术之高峰。顶级的汉语艺术无一例外乃是强大者的艺术。小诗人如何扛得住风狂雨疾?只消几滴雨,人就跑没影了。

大庾岭上有一座古刹,苏轼晨起沐浴,题诗于龙泉钟。诗人漫步于山道,发现树林中有个蓝小袖女子挎竹篮,正在伸手采蘑菇,身姿娴雅。

谁说岭南不好呢?

十月初,苏轼抵惠州,暂住合江楼,楼下是汇流的东江、西江。东江穿过惠州城,城内有丰湖,也称惠州西湖。秦观有诗句:"我公所至有西湖。"

苏轼《十月二日初到惠州》:"仿佛曾游旧梦中,欣然鸡犬识新丰。吏民惊怪坐何事,父老相携迎此翁……"

诗人欣然落笔,笔调轻松,不似大庾岭上做怒目状。岭南皇帝远,吏民不避他,只是有些奇怪:中原的大人物犯了何事,贬到南荒小城惠州来了?父老相携迎罪臣,朝廷放逐的人,在百姓看来多半是好人。官与民对立,古代是常态。苏东坡一生之所为,就是要打破这个常态。

惠州知州詹范,系徐大受生前老友,他对苏东坡礼数有加。这合江楼是惠州唯一的贵宾馆,接待上司用的,苏东坡携爱妾、幼子住进去。所谓化外之地,往往人情厚。所谓蛮荒小城,原来风景佳。苏东坡连日欣欣然,《寓居合江楼》:"海上葱昽气佳哉,二江合处朱楼开。蓬莱方丈应不远,肯为苏子浮江来。江风初凉睡正美,楼上啼鸦呼我起……"

十月里江风初凉,先生秋睡美,啼鸦唤起他。惠州的处境,大不同于黄州。黄州定惠院没人理他,惠州合江楼像是专门为他服务的宾馆。

十月十八日,苏东坡从合江楼迁嘉祐寺。詹范说,有外地来惠的官员向朝廷写信,不满苏轼住贵宾馆。苏轼便先去嘉祐寺待一段时间，日后再作计较。

寺庙在山间，山顶有个松风亭，周遭古松两千棵。苏轼《记游松风亭》："余尝寓居惠州嘉祐寺，纵步松风亭下。足力疲乏，思欲就林止息。望亭宇尚在木末，意谓是如何得到。良久，忽曰：'此间有什么歇不得处？'由是如挂钩之鱼，忽得解脱……"

念头改变事实，心境改善处境。

我五六岁时，跟一个叔叔远走眉山的松江镇，几十里路累下来，走怕了。回眉山城还得走几十里，于是蹲在厕所里使劲想：不管怎么说，下午我肯定在城里了，肯定在下西街了！

这念头闪出来，回去的路程似乎就缩短了。心理改写了物理，心劲传递到腿劲。

嘉祐寺一向冷清，知州詹范带下属来，携物甚丰。苍梧（今广西梧州苍梧）知州李亨伯专程到嘉祐寺，留十日而去。循州（今广东梅州）知州周彦质不时寄来米面，惠州的官吏们频频约苏轼出游……寂寞古寺热闹起来，车马不断，香火也旺了。

上层官员坏了，中下级官吏尚好。朝廷妖风尚未刮到州县，尤其是偏远地区。

苏轼写信对陈季常说："到惠将半年，风土食物不恶，吏民相待甚厚。"

苏轼居汴梁吃惯了羊肉，到惠州吃鸡，吃海鲜，却是想羊肉想得流口水。他写信给子由:"惠州市井寥落,然犹日杀一羊,不敢与仕者争。买时,嘱屠者买其脊骨耳朵。骨间亦有微肉,熟煮热漉出。不乘热出,则抱水不干。渍酒中,点薄盐炙微燋食之。终日抉剔,得铢两于肯綮之间,意甚喜之,如食蟹螯……"

苏轼烤羊脊骨,用针尖挑微肉,吃得津津有味。苏过牙齿好,专咬羊骨头。街上的一群狗却不高兴了,苏轼对弟弟说:"则众狗不悦矣。"

这封信传出去,四面八方的朋友们感到辛酸,有些人即刻动身,翻山越岭到惠州,如道士吴复古,又如吴复古的儿子吴芘仲,带许多东西渡江而来,赫然有三只羊。陈季常先寄来羊腿,然后准备迈开他的两条铁腿,从黄州歧亭出发,三千里路走到惠州。更有七十一岁的巢谷,要从眉山出发,一头银发飘万里……

人在江湖,友情包围着。朝廷风刀霜剑,江湖温暖如春。

古道热肠的汉子最数陈季常,东坡被贬黄州,他七次去看望。东坡量移汝州,他相送五十天,一直送到庐山脚下。东坡做了紫袍大官,居汴梁四年,他消失了。东坡被贬惠州,他又出现了,写信说要到惠州去。此间他五十几岁,带领全家隐居歧亭二十余年。

苏东坡回信,责备这个老朋友:"季常安心家居,勿轻出入……亦莫遣人来,彼此须髯如戟,莫作儿女态也。"

男子汉不仅骨头硬,就连胡须也要硬,坚硬如铁。须髯如戟,大约是苏轼造的词,建议列入中小学成语词典。

太湖金山寺的方丈佛印禅师，写给苏东坡的一封信，也是应该选入教材的。

> 子瞻中大科，登金门，上玉堂，远放寂寞之滨，权臣忌子瞻为宰相耳！人生一世间，如白驹之过隙，三二十年功名富贵，转盼成空。何不一笔勾断，寻取自家本来面目。万劫常在，永无堕落。纵未得到如来地，亦可以骖驾鸾鹤，翱翔三岛，为不死人，何乃胶柱守株，待入恶趣。昔有问师："佛法在什么处？"师云："在行住坐卧处，着衣吃饭处，屙屎撒尿处，没理没会处，死活不得处。"子瞻胸中有万卷书，笔下无一点尘，到这地位不知性命所在，一生聪明要做什么？三世诸佛，只是一个有血性的汉子。子瞻若能脚下承当，把一二十年富贵功名贱如泥土，努力向前。珍重！珍重！

庄子尝言：道在瓦砾，道在屎尿。佛与道有天然融合之势。

不要富贵，只要向前，前面是什么呢？是自家本来面目。这本来面目又是什么？是自由。追求富贵乃是人之常情，但是"活动变人形"，追来追去，一个个追得面目全非。大多数追变形的人是回不去了，找不到本来面目。那些个失势的官员病的病，死的死，一朝失权杖，人就病怏怏，两眼无光，举止失措，无端发慌。而苏东坡一旦重返江湖,精气神就来了。

佛印写信,盖因苏子瞻不同于寻常之辈。这和尚当不知苏东坡在惠州是如何了得。

"三世诸佛,只是一个有血性的汉子。"大和尚讲得太好了。

大和尚的信,并苏迈一封家书,是一个叫卓契顺的小和尚送来的。

卓契顺是苏州守钦长老的门下弟子。一日苏迈拜访守钦长老,为送信的事犯愁。江南到岭南几千里路,长老亦无奈。平日无言的卓契顺接过话来:惠州又不是在天上,走,总能到的。

长老点头,两封书信用油布裹了,交予卓契顺。小和尚上路了,支一根七尺拐杖,手托钵盂一路化缘,填饱肚子不难。有庙歇庙,无庙敲门借宿。前不着村后不挨店的地方,不妨席地而睡,不妨跟猴子争野果。半夜醒来,茫茫野地风送爽,繁星万点很亲切。

小和尚一袭破僧衣,无处剃头,胡子头发乱长,看上去像个小叫花子,盗贼懒得理会他。小和尚并不知道怀揣的那封大和尚的信,里面写的就是像他这样的人。佛在任何地方,"三世诸佛,只是一个有血性的汉子"。小和尚走啊走啊,念头单纯,他要赶时间。天知道他过了多少条河,翻了多少座山。脸磨破了,嘴划伤了,血流出来了……小和尚笑了笑,擦了擦,接着往前走。"努力向前。珍重!珍重!"佛印这是对卓契顺讲的吗?

到了惠州，卓契顺已没个人样，唯书信完好。见了东坡，亦无甚言语，只一味傻笑。在场的人无不抹眼泪，倒是东坡视为寻常，问卓契顺想要点什么。卓契顺说，想要一幅先生亲笔写的陶渊明《归去来辞》。东坡亲手铺开纸笔，浓墨挥毫。

写给卓契顺的书法长卷今犹存焉。

十几天后卓契顺动身返回苏州。一切平淡得如花开水流。

多欲，多慈，多思

惠州地面到处是荔枝，次年，东坡吃上了，却上火，"近日又苦痔疾，呻吟几百日"。

但欢愉之情掩不住，挥笔写道：

罗浮山下四时春，卢橘杨梅次第新。日啖荔枝三百颗，不辞长作岭南人。

如今的广东惠州市，将此诗视为永久的荣耀。

惠人皆曰："一自坡公谪南海，天下不敢小惠州。"

苏轼和惠州人打成一片，源于两件事：一是种药；二是造桥。

惠州巫医多，中医甚少，种药材的人几乎没有。苏轼谪居惠州经营药圃，请中原名医寄来药材，又到山里去挖药。当年他与沈括搜集了民间流传的古方，陆续验证，治病救人。从现存资料看，未见他施医用药的错误，可称良医。他先在家人中验药方，然后推广到朋友和同僚。在杭州，他救人最多。黄州、惠州以及后来的儋州（今海南儋州），他致力于普及中草药。陆游追随东坡，做官之余也做走乡串户的郎中，出诊风雨无阻。写诗云："活人吾岂能，要有此意存。"

苏东坡"无病而多蓄药，不饮而多酿酒"，一些人并不理解他，"劳己以为人"，这是何苦呢？瞧病又不收钱，请人喝家酿还得弄几个菜，这不是找事瞎忙活吗？东坡回答，他干这些事专为自己："病者得药，吾为之体轻；饮者困于酒，吾为之酣适。盖专以自为也。"

中华民族大家庭是非常需要抱团的，苏东坡的价值，首先是他一以贯之的利他主义，其次才是他的生命张力。理解这个永在当下的古人，这一点须细思量。

惠州多水系，少桥梁，东江、西江汇流于惠阳城，丰湖蓄不住，冲垮多处简易浮桥，年年淹死者数以百计。詹范是好官，却也莫奈何。苏东坡从嘉祐寺搬回合江楼，夜夜听江声，心里恒不安。

江水淹死人的事他时有所闻，心情一直沉重，常失眠，朝云在侧每每垂泪。

东坡先生的特点：多欲，多慈，多思。

没办法，造桥是大工程。苏东坡拄杖立于江边，觉得自己没用处。江水浩荡冲击着堤岸，美政冲动撞击着自惭乃至内疚的苏轼。这个罪臣开始想办法。先捐出高太后赐予他的一条犀带，然后写信要弟弟帮忙。子由谋诸妇,史夫人很慷慨,拿出珍藏多年的御赐之物变卖为金银,派人从子由谪居的雷州(今广东湛江雷州)送到惠州。

惠州的东新桥、西新桥,于绍圣二年(1095)秋同时动工。詹范全力支持,道士邓守安主其事。次年六月,二桥俱成。造桥的方法,是以四十条船联为二十舫,覆以坚如铁石的石盐木板,铁锁石碇,随潮涨落,过江的人如行平地。苏轼《两桥诗·东新桥》:"岂知涛澜上,安若堂与闺。往来无晨夜,醉病休扶携。"

惠州二桥,当地人呼为"苏公堤"。《舆地纪胜·惠州》:"苏公堤,在丰湖之左岸。绍圣间,东坡出上所赐金钱筑焉。"

桥成之日,江两岸全是欢呼声。东坡写诗描绘盛况:"父老喜云集,箪壶无空携。三日饮不散,杀尽西村鸡。"而瞅着鸡血遍地,他又心生怜悯,为杀生感到难过。不得已,找到一句安慰自己的话:"世无不杀之鸡。"

惠人插秧多辛苦,苏轼在武昌见过当地的秧马,当时留了心,画了草图,问了技巧。他在惠州推广秧马,亲手制作了几匹"马",试验给农人看,又写《秧马歌》广为宣传。农民坐秧马插秧不累,提高了效率。

他又为广州人设计自来水工程,写信给广州知州王古:"广州一城人,好饮咸苦水,春夏疾疫时,所损多矣。惟官员及有力者得饮刘王山井水，贫下何由得？惟蒲涧山有滴水岩，水所从来高，可引入城，盖二十里以下耳。"

王古是王巩的堂弟，苏轼写信敦促王古倾力为之。他详细讲了"五管分引"的方法，所有引水的细节包括天长日久竹筒损坏都考虑到了，改用瓦筒引水，"永无坏理"。自来水工程顺利实施，二十里外滴水岩的山泉流入广州，十万贫下户，从此饮清泉，大大减少了因长期喝劣质水而患疫病的人数。五羊城的市民喜气洋洋，争相打听苏东坡。

苏东坡在惠州，操心操到广州。

广州先后两任知州，章质夫和王古，都是不错的官员，却未解决大多数人的饮水困难。少数官员、富人喝刘王山的井水，穷人喝苦水，似乎就是穷人的命，广州官员睁只眼闭只眼，却由三百里外的罪臣苏轼来细看，来操心，来管闲事。

北宋后期官员多欲少慈，事不关己，高高挂起，此朝之败相，由此可见端倪。

高情已逐晓云空，不与梨花同梦

然而一朵鲜花先行凋谢在惠州。

王朝云死于流行瘴毒，口诵佛经而亡。

苏东坡在惠州建桥种药，王朝云不离左右。她心细，凡事考虑周全，不嫌繁杂，不怕累。她笃信佛，爱先生，爱人世间的一切美好之物。

佛教信徒的善心有钻石之坚，王朝云的这股子心劲不减苏东坡。东坡居士，朝云居士，两棵树天长日久长成了一棵树。

苏东坡被贬岭南，最是感激王朝云。为一个女人写诗，先后写了不少，大半是传世佳作，古今罕见，在唐宋六百年的诗人中绝无仅有。这个摆在明处的现象，学者教授们闪烁其词，课堂上横竖不讲，书本中片言带过。千年礼教之惯性依然在焉，真是对不住这位美好女性。

绍圣三年（1096）的夏天，惠州流行大瘟疫。左邻右舍都有呻吟的病人，朝云不忍，上门去送药，于是染上了。只几天，人就不行了。那一年惠州的瘴毒异常凶猛，苏轼《与林天和长官二十三首》："瘴疫横流，僵仆者不可胜计。"

东坡种了那么多药，却未能挽救她年轻的生命。秋初，年仅三十四岁的王朝云玉殒香消。

死前仿佛有预兆：她老唱"枝上柳绵吹又少，天涯何处无芳草"，唱着唱着，眼泪直流。此后东坡终生不听不书这首《蝶恋花·春景》。

临终前她口诵《金刚经》六如偈："一切有为法，如梦幻泡影，如露亦如电，应作如是观。"

王朝云葬于惠州丰湖之六如亭，后世凭吊者络绎不绝。我两次到惠州，拜谒朝云墓，为永不凋谢的鲜花献上一束鲜花。而惠州学院的一位老教授，携同他的夫人，几乎每月都去献花，十年间毫不声张……

且看东坡为朝云写下的墓志："东坡先生侍妾曰朝云，字子霞，姓王氏，钱塘人。敏而好义，侍先生二十有三年，忠敬若一。绍圣三年七月壬辰卒于惠州，年仅三十四……"

朝云感动了上苍，她死后第三天的夜里风雨大作，天亮，人们在她墓旁发现了五个巨大的脚印。东坡闻讯，带苏过亲往察看，于栖禅寺设供佛事，写《惠州荐朝云疏》："既葬三日，风雨之余，灵迹五显，道路皆见。是知佛慈之广大，不择众生之细微。敢荐丹诚，躬修法会。伏愿山中一草一木，皆被佛光……"

三个月后，东坡为朝云作《西江月·梅花》：

玉骨那愁瘴雾，冰姿自有仙风。海仙时遣探芳丛，倒挂六毛幺凤。

素面常嫌粉涴，洗妆不褪唇红。高情已逐晓云空，不与梨花同梦。

徐州、黄州、常州、泗州、汴梁、杭州、扬州，多少欢娱啊……

惠州无限伤悲："驻景恨无千岁药，赠行惟有小乘禅。"

人已去，美景空。

点滴追忆数月前，王朝云的三十四岁生日，苏轼写下《王氏生日致语口号》，其中后四句："天容水色聊同夜，发泽肤光自鉴人。万户春风为子寿，坐看沧海起扬尘。"

疼她爱她，二十三年，仿佛昨天她才在杭州唱"玉人家在凤凰山"。

王朝云的典型情态："长春如稚女，飘飘倚轻飔。卯酒晕玉颊，红绡卷生衣。低颜香自敛，含睇意颇微。"

只有单纯而幸福的女人才是这般模样。

她在苏轼身边快活得像个小姑娘。子霞与子瞻，永远爱不完。

多好多美的朝云啊，可是忽然就走了，就走了。

东坡哀吟："此会我虽健，狂风卷朝霞。"

海上大风刮来，飞沙走石，他坚持挂杖，去了丰湖栖霞寺六如亭,说是不让狂风卷朝霞……

年逾六旬的东坡老人,还能挺住吗?

苏过很孝顺,东坡给朋友的信中多次表扬他。老人的饮食起居,"独过侍之。凡生理昼夜寒暑所须者,一身百为,不知其难"。

东坡的三个儿子都一样,包括儿媳妇,包括他的朋友、学生,无不感染他的气息,受他的影响。苏轼引力大、磁场强。

时任宰相章子厚不悦,想借刀杀人,派吕惠卿的弟弟吕温卿,去广南东路做提点刑狱,找机会做手脚,弄死苏轼。蔡京卖乖,另荐一人,说此人去广南路,可取苏轼性命。

章惇问:"谁呀?"

蔡京答:"眉山人程之才,现在是从四品京官。他与苏子瞻有世仇。"

章惇笑了:"叫他去办了苏轼,去掉他那个'从'字。"

广南东路提点刑狱程之才上路了。四十多年前,他娶苏轼的姐姐苏八娘。仅一年,八娘受恶婆婆虐待而死。苏洵大怒,召集族人于祠堂,宣布与程家永远绝交。当时程之才二十出头,还是个愣头青,跳出来为程家辩护,说苏八娘的不是。苏轼的三个堂哥把程之才暴打一顿。苏、程两家从此结怨,四十二年不相往来。

提刑官程之才回首往事，闪过了一点愧疚。但是前程要紧，他在仕途上正春风得意，不可辜负章宰相。离京时，蔡京亲自设宴为他饯行，他受宠若惊。席间，蔡京表达的意思很明确，不能让苏轼在惠州逍遥。蔡京暗示，必要时，对苏轼弄些手段。

程之才赴岭南，一路上犹豫不决。对苏轼弄手段？弄什么样的手段呢？作为提刑官，他的手下不乏心狠手辣之辈，弄一罪臣并不费力。置苏轼于死地吗？程之才摇了摇头。可是蔡京那边他不能不有个交代。弄手段，弄个五六分足矣，打掉苏轼的神气。

程提刑南下广州，却听到很多人盛赞苏轼。有人提起苏轼在惠州种药、修桥、收葬无名暴骨，不禁泪流满面。程之才睡不着觉了。抵广州，更听说苏轼为市民引水费周折。广州知州王古、前任知州章质夫、循州知州周彦质，俱称东坡是"岭南伟人"。

程提刑仰天长叹，对他的儿子程十郎说："吾意决矣！"

此间，程之才收到苏东坡从惠州托人捎来的一封信，信中说："弟窜逐海上，诸况可知。闻老兄来，颇有佳思。昔人以三十年为一世，今吾老兄弟不相从四十二年矣，念此令人凄断。不知兄果能为弟一来否？"

程之才的大官船开到惠州来了。"渡尽劫波兄弟在，相逢一笑泯恩仇"，从此，苏东坡与程之才亲如兄弟，苏、程两家恢复了往来。苏轼造桥、引水的后续诸事，得到程之才的支持。

被贬惠州的第三年,东坡在白鹤峰营造新居,打算长住。长子苏迈带着他的三个孙子及苏过的妻儿到惠州来了。新居落成,官民同贺,一家子其乐融融。

彼时,东坡先生醉也。《和陶诗》:"旦朝丁丁,谁款我庐?子孙远至,笑语纷如。"

诗前小引曰:"长子迈,与余别三年矣,挈携诸孙,万里远至。"

东坡情绪好,又展露仙容了,欣然命笔:

白头萧散满霜风,小阁藤床寄病容。

报道先生春睡美,道人轻打五更钟。

这首题为《纵笔》的小诗传到京师,大魔头笑道:"苏子瞻还这么快乐吗?贬他到海南儋州去。"

《年谱》:"十七日,惠守方子容携告身来。"

苏轼看告身面无表情,手在抖,嘴角抽动……

"十九日,与过离惠,与家人痛苦诀别。"

一纸令下,全家人再次恸哭于江边。白鹤峰的新居刚住了两个月零五天。

苏东坡携苏过从广州下船,行至藤州(今广西梧州藤县)与苏辙相会,兄弟盘桓二十天分手,竟成永诀。子由此时被贬到了广东南端的雷州半岛。

"嗟予寡兄弟,四海一子由。"

东坡被贬惠州两年零七个月。

传说东坡过海,船上放着一副空棺。不惧风浪的老水手做好了一切准备。

九死南荒吾不恨，兹游奇绝冠平生

苏东坡谪海南第一首诗《行琼儋间，肩舆坐睡，梦中得句云：千山动鳞甲，万谷酣笙钟。觉而遇清风急雨，戏作此数句》："四海环一岛，百洞蟠其中，我行西北隅，如度月半弓。登高望中原，但见积水空，此生当安归？四顾真途穷。"

老问题又来了：怎么办？穷途末路怎么走？

"茫茫太仓中，一米谁雌雄？幽怀忽破散，永啸来天风。千山动鳞甲，万谷酣笙钟。"

《儋县志》："山中多雨多雾，林木阴翳，燥湿之气不能远，蒸而为云，停而为水，莫不有毒。"苏东坡的湿热体质尤其不适应。章惇、蔡京辈很清楚这一点。

宋代不杀大臣，那就让儋州瘴毒杀死苏东坡。惠州瘴毒已经杀死了王朝云。

初到海南，陆行二百里，坐轿子，山行一天半，苏东坡打起精神，梦中得了好句。抵达昌化军贬所，泄气了。他说："至儋州十余日矣，淡然无一事，学道未至，静极生愁。"

庄子齐生死,齐荣辱,齐万物,乃得身心大自由,六十年居陋巷,与百工相善,与劳动者为伍,维系了低沸点之欣悦。苏东坡还做不到。无人可见,无事可做,无家可归……

他写信给雷州知州张逢:"海南风物,与治下略相似,至于饮食人烟萧条之甚,去海康远矣。到后杜门默坐,喧寂一致也。蒙差人津送,极得力,感感!"

可是没过多久,他对这地方有了新的感受,《书海南风土》云:

> 岭南天气卑湿,地气蒸溽,而海南尤甚。秋夏之交,物无不腐坏者。人非金石,其何以能久。然儋耳颇有老人,百有余岁者,往往皆是,八九十岁者不论也。乃知寿夭无定,习而安之,则冰蚕火鼠,皆可以生。

东坡喜欢吃肉,但儋州几乎无肉可吃。本地人吃老鼠、蝙蝠、蜈蚣。苏辙到雷州,因吃进去的东西作呕而吐出来,体重骤减。东坡寄语老弟,说自己也能吃熏鼠了,体重反而有所增加。

蝙蝠、蜈蚣之类,以老饕自居的东坡,大约也要尝尝吧?

他居住的地方是几间破官舍,比杜甫在秋风中的茅屋更糟糕,不仅漏雨,而且漏树叶。有一天早晨在风雨中醒来,连枕前都是湿漉漉的黄叶。

"风雨睡不知,黄叶落枕前。"

儋州的官员张中实在看不过去，冒着暗助罪臣的风险，找借口用官钱修缮了破官舍。后来因此获罪，掉了官帽。

我们今天要记住这些帮助过苏轼、不怕掉官帽的人：儋州的张中、惠州的詹范……

儋州人懒得开荒种稻，主食为薯芋，和锅煮，天天顿顿如此。吃惯美食的东坡尽量每顿吃饱。而岛上一度闹饥荒，海上数月风波险恶，琼州（今海南海口）那边的粮食运不过来。东坡父子练龟息法，将食量减到最低，面朝初升的太阳做深呼吸，要将热能化为体能。这叫"阳光止饿法"。

居无所，食无肉，出无友，读无书，写字作画没纸墨……

张中又帮他，替他介绍当地的黎族朋友，做翻译，沟通言语。东坡学海南土语，黎人学他用眉山语音讲的官话。时至今日，海南儋州仍有两个村庄讲眉山话。

他学唱神奇的儋州古调声，与黎人通宵达旦共舞。儋州调声今犹存。20世纪70年代初的芭蕾舞经典《红色娘子军》，采用了这种曲调。

东坡性好动，没朋友很难受的。黄州如此，惠州、儋州亦如此。他终于有了几个朋友，其中像黎子云兄弟，几乎每天见面，你来或我往。有一天东坡外出串门喝下几杯酒，归家迷路了。当地民居看上去都差不多，家家户户的围栏一模一样，形同迷宫。他吟诗说：

半醒半醉问诸黎,竹刺藤梢步步迷。

但寻牛矢觅归路,家在牛栏西复西。

有个七八十岁的老太太,常看东坡不眨眼,一日忽然说:"内翰昔日富贵,一场春梦!"东坡从此亲切地称她"春梦婆"。

他沾酒就上脸的。小孩儿觉得他好奇怪,争看他,追赶他。他扭头一笑,诗已出口:

寂寂东坡一病翁,白须萧散满霜风。

小儿误喜朱颜在,一笑那知是酒红。

他当然不甘寂寞:"溪边古路三叉口,独立斜阳数过人。"

海南常有雨,忽来忽去的。黎人送他斗笠和木屐,走路吧嗒吧嗒,斗笠遮去漫天风雨。昔日曾有名篇《定风波·莫听穿林打叶声》:

莫听穿林打叶声,何妨吟啸且徐行。竹杖芒鞋轻胜马,谁怕?一蓑烟雨任平生。

料峭春风吹酒醒,微冷,山头斜照却相迎。回首向来萧瑟处,归去,也无风雨也无晴。

对所有的逆境中人，这首词宛如一颗定风丹。也无风雨也无晴，这境界不易学。它是巅峰人物的寻常体验。

不易学也要学。生活要向伟人看齐。

当时有无名画家作《东坡笠屐图》，太感人了，观者欲掉泪时，却又不自觉地微笑。

孔子、庄子、陶渊明……连同一地风俗、满目黎庶，全在苏东坡的身上。

不相识的樵夫送他卖柴买来的木棉布，黎族邻居送他蔬菜。他由衷写道："华夷两樽合，醉笑一欢同。"

黎汉和睦相处，东坡先生有功。

先生高唱："我本儋耳人，寄生西蜀州。"

他的故乡情绵长而激烈，说眉山千百次，却又做到了严格意义上的四海为家，走到哪儿爱上哪儿，将中原文明的种子到处播撒。

中国古代几千年，苏轼这样的人可不多。他是大师中的大师，是英雄中的英雄。热血智者，官员楷模。

道士吴复古，飘然过海看他来了。眉山人巢谷，和东坡自黄州一别十几年，从家乡起程，以七十老翁之躯，万里迢迢赴岭海。东坡富贵时，巢谷总是在别处，如今简单的行囊中又不知藏着什么类似"圣散子"的灵丹妙药，他绝不能让东坡死于瘴毒。可他筋疲力尽走到了梅州，缓得一口气又向海南，却累死在新州（今广东云浮新兴）道旁。东坡、子由闻噩耗，相隔数百里，同声恸哭。

巢谷亦如三苏父子,是眉山人永远的骄傲!

元符二年(1099),章惇独相已数年,在朝廷一手遮天。蔡京跻身于宰辅大臣,蔡氏一门俱显,连仆人都在东京耀武扬威,杀人如草芥。太监童贯掌天下兵马。民谣发出怒吼:"打破筒(童),泼了菜(蔡),便是人间好世界。"

东坡在儋州,章惇也不放过他,"时宰欲杀之"。

章惇听说苏子瞻在儋州尚快活,便让御使台的冷面刽子手董必赴儋州。

董必奉命赶赴海南,七千里路一个月到,杀气腾腾准备渡海,要取苏轼性命。他的随行人员中却有个湖南人彭子民,深敬苏东坡。董必南下的意图一露,彭子民紧张了。彭子民劝董必:"岭南千家万户俱称东坡伟人,你若害苏轼,不怕报应吗?"

董必有所忌惮了。彭子民是他挑选的干吏,为了苏轼却宁愿得罪他。

刽子手终于放下了屠刀,只派人过海去儋州,摘了对苏轼好的张中的乌纱帽,把苏轼赶出了官舍伦江驿。

父子几天吃住于污池旁。不得已,桄榔林下草草盖房子,东坡为之命名"桄榔庵"。黎族父老兄弟数十人来帮忙,他们头上没有官帽,不怕得罪远在京师的凶神恶煞。

然而苏东坡居然开始讲学了,皇帝的老师,转而教诲黎家子弟。椰林深处书声琅琅。学校设于黎子云的家,坡翁命名"载酒堂"。色土为墨、阔叶做纸,课本却在东坡先生的脑海中——这才叫脑海呢!而我们这些人只能叫"脑溪""脑河"吧?

苏轼居海南,教出了海南有史以来的第一个举人——姜唐佐。这里却有辛酸故事:姜唐佐原是琼州人,过海求学,临走向先生乞诗,东坡写下两句:"沧海何曾断地脉,白袍端合破天荒。"并许愿说,等姜唐佐考上了再写后两句。后来姜唐佐高中,先生已在九泉。苏辙续写成篇:"锦衣他日千人看,始信东坡眼目长。"中国诗歌史,这悲喜故事绝无仅有。

张中接到调令,要离开儋州了。临走的那一天,他三次来告别东坡父子,坐到三更天不肯走。谈兵学滔滔不绝,说围棋头头是道,讲儋耳句句是情。平时他沉默寡言,这个夜晚却不停地说说说。他一直不说的,才是心中事:今晚一别,山高水长,再见无期。

后半夜,东坡先生困了,靠墙打了个盹,睁开眼睛,看见张中还坐在那儿,而自己身上不知何时盖了一件衣服。天已经麻麻亮了,张中守着东坡。夜凉衣衫薄,他双臂交叉,坐在摇曳的烛光里。

晨光渐渐进屋了,张中与东坡对饮卯酒。隔壁的苏过鼾声悠长。

《年谱》:"十一月十九日,张中三来告别,灯坐达晓。"

苏东坡诗云:"海国此奇士,官居我东邻。卯酒无虚日,夜棋有达晨。小瓮多自酿,一瓢时见分……"

心似已灰之木，身如不系之舟

元符三年（1100），朝廷又起变故。二十四岁的宋哲宗一命呜呼。女色淘虚了身子，后宫佳丽三千，送他歪歪扭扭上了奈何桥。这个变态的、性格扭曲的皇帝很有研究价值，可惜相关资料少。

更糟的宋徽宗登基，嬉皮笑脸的轻佻浪荡子君临天下。一切都是玩，玩球，玩字画，玩异花奇石，玩宫中装叫花子，玩地道幽会李师师，受潜意识的助推复玩战火，葬送了北宋王朝。史料称："恃其私智小慧。"

宋哲宗乖张，宋徽宗轻佻。两个黄袍渣男导致中国南北分裂。

徽宗上台，章惇随之失势，也被贬到雷州去了。弹劾章惇的谏官，是一个叫任伯雨的眉山人。

朝廷又想起了苏东坡。

元符三年六月，东坡得以奉诏北还，离儋州，黎人数百哭送于海边。惠州、梅州（子由贬谪地）、常州的亲人们也在哭，喜极而泣。

《年谱》:"十一月……(苏轼)离广州。孙叔静与其子挚舟相送,饯别金刹崇福寺。"不久,吴复古、李公麟、林子中等八人"自番禺追饯至清远峡,同游广庆寺,题名"。

追饯朋友乃宋人生活之常态。朋友并不知道,听呼唤急回首,惊喜莫名。

此后,苏子过境英州、韶州(今广东韶关),各留十几天。当年画《流民图》扳倒王安石的郑侠,来英州见苏轼,剧饮剧谈,感慨系之也。

宋徽宗建中靖国元年(1101),苏子过境南雄州(今广东南雄),翻越大庾岭,颇自豪,写诗赠岭上老人:"问翁大庾岭头住,曾见南迁几个回?"

张耒《闻子瞻岭外归赠邠老》:"此翁身如白玉树,已过千百大火聚。望天留之付真主,世间毒烈计已误。"这个所谓真主,即将与蔡京等人狼狈为奸,大搞元祐党人碑,疯狂打击八百多个官员(连九泉下的司马光都不放过),诏毁天下东坡文集、印版、碑铭……

正月下旬,苏子抵达虔州(今江西赣州),因赣水的水位低,舟不能行,留十数日。虔州知州霍英邀请东坡登郁孤台。《年谱》:"在虔州日,常漫游书肆、寺观,施药与人,并为人书字。"

东坡先生俨然游方的郎中,寺庙宫观替人瞧病,不收医药费；又写书法送给当地人，"纵笔挥染，随纸付人"。霍英守亲自为东坡磨墨镇纸。天都黑了，求字的人还排着长队。

三月过吉州（今江西吉安吉州区），过新淦（今江西吉安新干），各盘桓几日。新淦正在修建一座新桥，苏子应父老之请，书"惠政桥"三个大字。

宋人笔记《独醒杂志》卷六云："时人方础石为桥，闻东坡之至，父老儿童二三千人，聚立舟侧，请名其桥。"

江边数千人，欢呼苏东坡。官员用专车将东坡及家人接到馆驿，美酒佳肴伺候。

三月下旬，苏子抵达南昌，南昌是洪州的州治，知州叶祖洽连日陪着。

四月入庐山，逐臣刘安世、庐山道士崔闲等，追随坡仙于山道，"命酒献酬"。东坡以淋漓醉墨，画《海榕》，画《枯木怪石图》。2018年，苏轼的《枯木怪石图》以人民币四亿多元的价格卖出，创下了当时中国古代绘画作品成交价的最高纪录。他画木石甚多，拍卖的未必是庐山醉墨画的这一幅。

四月下旬，舟次池州（今安徽池州）、芜湖、当涂，三个地方的朋友杀鸡宰羊款待东坡。当涂的老友郭功甫携酒肉来访，东坡又载酒回访，尺牍有云："一肉足矣，幸不置酒。"

郭功甫来访的日期是四月二十五日，苏洵的忌日，东坡不能饮酒。次日他回访郭，又喝上了。夜里，二人披衣去了江边，凭吊传说中李太白跳江捉月的地方。有趣的是，苏东坡在当涂府学百余学子的注目下，撰写《戒酒诗碑》，命工匠刻在石碑上。

白发丹颜的酒徒，大约发誓要戒酒。

渡海北归近一年，东坡几乎天天喝酒。宴席剧饮习以为常，卯酒夜酒殊难分辨。奇怪的是他的书信中并无痔疮复发的记载。也许复发了倒好，体内的热毒有个出口。

五月，苏子过境金陵，知县杜传殷勤款待。苏子书写《江上帖》赠杜传，"笔势欹倾，而神气横溢"。此间，他购买越州纸达两千幅，诗兴、画兴、书兴，并酒兴俱大发。

五月中旬，苏子抵真州（今江苏扬州仪征），知州付质登船恭迎。苏子作草书《和陶饮酒》数幅送人。二十三日，他感觉身体不适，但不当回事，写信对孔平仲说："病废掩关，负暄独坐，醺然自得。"终于可以闭门独坐享受清闲，很有些自鸣得意。

他的这种身体自信起于儋州，强化于数千里归途，却是过于自信了。

这期间发生了一件事，对苏东坡来说干系甚大。

元符三年（1100）八月，东坡走到广西桂林，却传来秦观的死讯。最得意的弟子英年早逝，东坡大恸："少游已矣，虽万人何赎！"他写信给友人："哀哉痛哉！何复可言？当今文人第一流，岂可复得此人，在必大用于世。不用必有所论著以晓后人。前此所著已足不朽，然未尽也，哀哉，哀哉！"

疼痛无边，自责不已。秦少游的命运与苏东坡息息相关。东坡之恸也，摧肝裂肺。

一路伤心，慢慢将息。

东坡于建中靖国元年（1101）四月抵达南昌，南昌知州叶祖洽开玩笑问："世传端明已归道山，今尚尔游戏人间邪？"东坡答："途中见章子厚，乃回反耳。"

说到章惇，苏轼倒遇上章惇的儿子章援，带着一封千字长信呈给东坡，言辞诚恳，言下之意却希望东坡登相位放过他父子。东坡就地回复，也是一封长信，提及章惇时说："某与丞相定交四十余年，虽中间出处稍异，交情固无增损也。闻其高年寄迹海隅……"书信背面还写了专治岭海瘴毒的药方，荐与章惇备用。这封信的一个意外收获，是章家的后人大受感动，几代珍藏，改变了家风门风。

六月中旬，船行于运河赴常州。《年谱》："舟赴常，坐舱中，千万人随瞻风采。"运河两岸千万人，顶着烈日跟着船跑，瞻仰东坡先生风采。《邵氏闻见录》："东坡自海外归毗陵，病暑，着小冠，披半臂，坐船中，夹运河岸，千万人随观之。东坡顾坐客曰：'莫看杀轼否？'"

宋代百姓最崇拜苏东坡这样的人。好官，好人，文化大师，受到社会各阶层由衷的喜爱。

这种喜爱生发持久的向上的力量，皇权压不住，民间在汹涌。

法国人爱雨果,俄国人爱托尔斯泰,英国人爱莎士比亚。文化巨人乃是天上的恒星。权豪流星一划而过。

真善美很难,苏东坡不死。

苏子抵常州,住进钱世雄租来的孙氏馆。钱世雄记云:"先生独卧榻上,徐起,谓某曰:'万里生还,乃以后事相托也。惟吾子由自再贬及归,不复一见而诀,此痛难堪!'"

家乡人非常希望他回眉山。米元章记云:"乡人父老望公归也。"

苏子由写道:"辙与兄子瞻,皆自岭南蒙恩北还,将归扫先墓。"

苏东坡的书法佳作,落款常常是"眉山苏轼"。

却是回不去了,落叶飘在异乡。

他写信告诉米元章:"某食则胀,不食则羸甚,昨夜通旦不交睫,端坐饱蚊子耳。不知今夕云何度……"

租来的孙氏馆比较简陋。当年在常州城他买过一处房子,费银子不少,却听一个老太太哭诉,说她的不孝儿子卖掉了百年祖业。苏轼闻之不忍,一打听,方知他买的房子正是老太太的祖业,于是烧了屋券(买卖合同),买房子的五十万钱也不要了。

钱世雄在孙氏馆陪着苏东坡。东坡把三部书的书稿托付给他,欲开箱取稿,发现钥匙丢了。钱世雄说:"子瞻莫急,莫急……"后来钱世雄回忆:"觉眉宇间秀爽之气,照映坐人。"

这应该是先生的回光返照——秀爽之气映照身边的人。

1101年夏，常州连月干旱，面临灾荒。苏东坡强拖着病体，连日跪拜墙上挂的龙王图，为常州求雨。当万民在甘霖中欢呼雀跃时，求雨的人累倒在黄荃画的龙王图下。

四十五年前，苏轼登科，发宏愿："敢以微躯，自今为许国之始。"

十年前贬惠州，炎荒四千里，苏东坡不变初心："许国心犹在，康时术已虚。"

如今在常州，东坡写下最后一首诗《梦中作，寄朱行中》，劝广州知州朱行中清廉做官，莫贪腐。北宋后期，官员的贪腐已成气候。东坡明知回天无力，还是要发力。

七月十三日，他写信给钱世雄："一夜发热，不可言。齿间出血如蚯蚓者无数，迨晓乃止，惫甚。细察疾状，专是热毒，根源不浅，当专用清凉药。已令用人参、麦门冬、茯苓三味煮浓汁，渴即少啜之，余药皆罢也。庄生闻在宥天下，未闻治天下也。如此而不愈，则天也，非吾过矣。"

有医者认为，苏轼开的三味药，错了两味。可见大夫不能给自己瞧病。

如果苏东坡在儋州终老，活到八九十岁也是可能的。受诏北归，一年，不起。

卧床，他会长时间瞅着一幅画，李公麟为他画的像，旁边有他的题诗：

>心似已灰之木，身如不系之舟。
>问汝平生功业，黄州惠州儋州。

老子云："处众人之所恶，故几于道。"

十八日，自知难起，唤三子于床前，说："吾生无恶，死必不坠。"

无恶，向善。苏东坡的临终嘱咐，却令人忧心邪恶的原始性。

子瞻致信亲爱的子由，嘱托后事："即死，葬我嵩山下，子为我铭。"

二十五日，致信杭州径山寺长老惟琳："岭南万里不能死，而归宿田野，遂有不起之忧，岂非命也？夫然死生亦细故耳，无足道者，惟为佛、为法、为众生自重。"

苏东坡的绝笔，单重一个"善"字：愿佛法无边，普度众生。

二十七日，病情恶化。日午面壁饮泣，不肯转身向亲朋。

钱世雄问："公平日学佛，此日如何？"

东坡答："此语亦不受。"

惟琳长老赶来了，俯在他耳边大声道："端明勿忘西方。"

东坡答："西方不无，但个里著力不得。"

钱世雄喊:"至此更须著力!"

东坡闭目答:"著力即差!"

长子苏迈上前问后事,父亲已不能语。

苏东坡溘然长逝,时在建中靖国元年七月二十八日(1101年8月24日),享年六十六岁。

1123年,天下乱,才华横溢的苏过死于非命。

1126年,北宋亡。

2022年2月

修订于眉山之忘言斋

后记　我的邻居苏东坡

眉山地处成都平原的南端。苏洵说："古人居之富者众。"

两宋三百余年，仅一个眉山就出了909个进士，高居全国州县之首，是成都（当时叫益州）不能比的。苏东坡考进士乃是事实上的状元，制科殿试又拿了第一，因此我称他是宋代唯一的"双料状元"。

这个状元后来干了很多大事，成了家喻户晓的人物。

小时候我不知道苏东坡厉害，他的家和我的家相隔一百多米。他的家八十几亩地，我的家二十几平方米。他一天到晚坐在大殿里，看上去委实有些阴森森哩！大殿外还有一口苏家的井，那井水我喝了不少，甜丝丝的，凉津津的。井边一棵光秃秃的千年黄荆树，据说苏洵用黄荆条打得小苏轼直跳脚。我是眉山下西街出了名的调皮捣蛋的费头子（孩子王），但凡听到苏东坡挨打，就乐得咯咯笑。苏东坡也属于下西街嘛，论板眼儿（戏耍、花样）肯定不如我。他挨打的次数也不如我，差远了。当时我在城关一小上学，课余练武功正起劲，崇拜豹子头林冲，认为区区苏东坡不值一提。林冲雪夜上梁山，苏东坡连峨眉山都没爬过。武松醉打蒋门神，苏东坡在"乌台"监狱里挨几下就痛得遭不住，真是不经打。他酒量差，当然我的酒量也不行。他下棋不行，我下棋还可以。他下河游泳一般般，我九岁那一年就横渡了岷江，弄潮拍浪一千五百多米，浪高一尺啊！他在书房南轩看书，摇头晃脑念子曰诗云，我家没书房，我在后院柚子树的树杈上躺着看书，看了四大名著，看了《铁道游击队》，看了普希金、托尔斯泰、别林斯基、莎士比亚……

从小学到高中，我跟那个名叫苏东坡的人较劲。

每当爸爸找不到我的时候，妈妈就会说：到三苏公园去看看。

哦，妈妈。现在是2021年的深秋了，妈妈在哪儿？

三苏公园、下西街文化馆、工农兵球场、电影院、招待所，我何止去过三千回。一年四季，同学们伙起，一个个勾肩搭背东耍西耍，淋坝坝雨、淋阵雨、偏东雨，享受大风中的那种近乎窒息的感觉。爬高高树，跳高高墙，比高高尿，呆望永远神秘的高高的夜空。男孩子打架，梁山好汉不打不相识嘛，打出了友谊，也打宽了雄性渠道，学校哪有小鲜肉的市场？通通靠边站。

我在说什么呢？说灵动，身心的灵动。

拙作《品中国文人》，写了历代五十个大文豪，我发现早年的释放天性乃是他们的共同特征。天性不能释放，创造性是要大打折扣的。学自然科学的学生也不例外。

苏东坡小时候是个"三好"学生，好吃，好玩，好学。他的母亲程夫人，他的乳娘任采莲，平日里做菜变着花样，苏东坡就成了好吃嘴，后来自创了东坡肉、东坡饼、东坡鱼、东坡羹、东坡泡菜……他又把眉山的美食带到江浙一带。我吃上海、杭州的东坡肘子，觉得还是眉山的好。

四川人都好吃，川菜很精细，单是肉丝肉片就有十几种。苏东坡出息了，出川做了大官，牛羊鱼吃得多，猪肉吃得少。四十多岁贬到黄州后，他开始研究猪肉，写下打油诗《猪肉颂》。他对水果也有研究，在汴梁南园栽石榴树，在江苏宜兴栽橘树三百棵，在广东惠州尝试栽荔枝、桂圆。他写诗给表弟说："我时与子皆儿童，狂走从人觅梨栗。"我抓住这两句，发现少年苏轼的狂走。他上树上房摘别人家的梨子、板栗吗？杜甫诗云："忆昔十五心尚孩，健如黄犊走复来。庭前八月梨枣熟，一日上树有千回。"

当年我在三苏公园里游荡，惦记着人道是苏东坡栽下的荔枝树，丹荔挂满了枝头，一颗颗的馋人。嗖嗖嗖上树去也，拨开交叉的绿叶，摘了丹荔，剥了皮，一个劲儿往嘴里塞，眉山人叫作吃得包嘴儿包嘴儿的。要赶紧的，要眼观六路耳听八方，防着公园的干部或园丁。那一年的夏天，那个爽啊，树干上爽歪歪，吃了很久很久，剥了很多很多：大约三十三颗饱满欲滴的红荔枝。左右枝头吃光了，再往上爬，寻思摘它一书包，夜里占营时分给下西街的小伙伴们。忽然，头皮顶了一团软软的东西，我心里叫声不好，撞上了吓人的野蜂窝。一群细腰蜂在头顶上散开，摆出攻击的扇形，这扇形我见过的。野孩子到处野，天上都是脚板印。刹那间我纵身跃下五米高的荔枝树，细腰蜂群闻风而动，嗡嗡嗡倒栽下来，有几只直扑我的寸头。大约五六只细腰蜂同时攻击我，头皮痛麻木了，旋即肿了半厘米，像戴了一顶不想戴的皮帽子。我落下地发足狂奔，奔向三百米外无限温暖的家……妈妈用邻居送来的乳汁揉我的头皮，揉了好久。

街灯初亮时，我又满大街疯去了。第二天晚上疯完了，照例往井台边一站，倒提满满的一桶井水，哗啦啦冲凉。

20世纪70年代的男孩子，在挫折中茁壮成长。

苏东坡诗云："我家江水初发源，宦游直送江入海。"

苏东坡词云："一蓑烟雨任平生。"

苏东坡小时候顽皮不如我，这个毋庸置疑。他家原是五亩园，后来被别人弄到近百亩。我念书的城关一小与三苏公园只隔了一堵青砖墙，翻来翻去很方便。记不清翻墙跳园子多少次，爬树摘鲜果多少次，弹弓射鸟、竹竿钓鱼，更不在话下。

苏东坡显然是我的好邻居，我去他家千百次。当初我有点瞧不起他，现在我尊敬他，我上班的单位研究他。

《品中国文人》写了那么多文人，每个人平均三万字，唯独苏东坡占了五万字。当时我对出版社的编辑说，苏东坡是我邻居，能不能多写几页？编辑答复，苏东坡是集大成的天才，又是你的乡贤,你还吃过他家的三十多颗荔枝,多写苏东坡完全可以!

2021年冬

改于眉山之忘言斋

苏轼作品赏析

饮湖上初晴后雨（其二）[1]

水光潋滟晴方好，山色空蒙雨亦奇。

欲把西湖比西子，淡妆浓抹总相宜。

1 这首诗作于熙宁六年（1073）春。陈衍说苏轼"西湖比西子"的比喻"遂成为西湖定评"。

自题金山画像[1]

心似已灰[2]之木，身如不系之舟[3]。

问汝平生功业，黄州惠州儋州[4]。

1 这首诗作于建中靖国元年（1101）。苏轼在真州游金山寺时所作，同年七月苏轼去世。金山画像：金山寺苏轼画像，李公麟所作。《金山志》："李龙眠（公麟）画东坡像留金山寺，后东坡过金山寺，自题。"

2 心似已灰之木：心如死灰。《庄子·齐物论》："形固可以使如槁木，而心固可使如死灰乎？"
3 不系之舟：没有束缚和缆绳捆绑的船，比喻漂泊不定的生涯。
4 黄州惠州儋州：苏轼反对王安石新法，以作诗"旁讪朝廷"罪贬谪黄州，后又贬谪惠州、儋州。

和子由渑池怀旧[1]

人生到处知何似，应似飞鸿踏雪泥[2]。
泥上偶然留指爪，鸿飞那复计东西。
老僧已死成新塔[3]，坏壁[4]无由见旧题。
往日崎岖还记否，路长人困蹇驴[5]嘶。

1 这首诗作于嘉祐六年（1061），苏轼经渑池，忆及苏辙曾有《怀渑池寄子瞻兄》一诗，从而和之。
2 "人生"两句：此是和作，苏轼依苏辙原作中提到的雪泥引发人生之感。查慎行、冯应榴以为用禅语，王文诰已驳其非，实为精警的譬喻。
3 老僧已死成新塔：苏辙原诗"旧宿僧房壁共题"，自注："辙昔与子瞻应举，过宿县中寺舍，题其老僧奉闲之壁。"古代僧人死后，以塔葬其骨灰。老僧，奉闲。
4 坏壁：奉闲僧舍。嘉祐元年（1056），苏轼与苏辙赴京应举途中曾寄宿奉闲僧舍并题诗舍壁。

5 蹇（jiǎn）驴：腿脚不灵便的驴子。苏轼自注："往岁马死于二陵（崤山，在渑池西），骑驴至渑池。"

惠崇春江晓景（二首）[1]

竹外桃花三两枝，春江水暖鸭先知。
蒌蒿满地芦芽短，正是河豚欲上时。

两两归鸿欲破群，依依还似北归人。
遥知朔漠多风雪，更待江南半月春。

[1] 这首诗作于元丰八年（1085）春，苏轼自登州到达汴梁后，在靖江欲南返时江边情景的写照。惠崇，亦名慧崇，福建建阳僧人，为宋初九僧之一，能诗能画。《春江晓景》是惠崇所作画名，共两幅，一幅是鸭戏图，一幅是飞雁图。

惠州一绝 / 食荔枝[1]

罗浮[2]山下四时春，卢橘[3]杨梅次第新。
日啖荔枝三百颗，不辞长作岭南[4]人。

[1] 这首诗作于绍圣三年（1096）。苏轼初到惠州，起初有些不适应，但渐渐就适应了当地的气候和食物，发出"不辞长作岭南人"的感叹。

2 罗浮山：在今广东博罗县、广州增城区、龙门县三地交界处，长达百余公里，峰峦四百多，风景秀丽，为岭南名山。
3 卢橘：橘的一种，因其色黑，故名（卢：黑色）。但在东坡诗中指枇杷。《冷斋夜话》卷一载："东坡诗：'客来茶罢空无有，卢橘微黄尚带酸。'张嘉甫曰：'卢橘何种果类？'答曰：'枇杷是矣。'"
4 岭南：古代被称为南蛮之地，中原人士闻之生畏，不愿到广东来。

游金山寺[1]

我家江水初发源，宦游直送江入海[2]。
闻道潮头一丈高，天寒尚有沙痕在[3]。
中泠南畔石盘陀[4]，古来出没随涛波。
试登绝顶望乡国，江南江北青山多。
羁愁畏晚寻归楫[5]，山僧苦留看落日。
微风万顷靴文细，断霞半空鱼尾赤[6]。
是时江月初生魄[7]，二更月落天深黑。
江心似有炬火明[8]，飞焰照山栖鸟惊。
怅然归卧心莫识，非鬼非人竟何物？
江山如此不归山，江神见怪惊我顽。
我谢[9]江神岂得已，有田不归如江水[10]。

1 这首诗作于熙宁四年(1071)十一月初三,苏轼去杭州任通判的途中,于京口(今江苏镇江)的金山寺夜宿作此诗。金山寺,在京口西北长江边的金山上,宋时山在江心。

2 古人认为长江的源头是岷山,苏轼的家乡眉山正在岷江边。镇江一带的江面较宽,古称海门,因此说"直送江入海"。

3 苏轼登寺在冬天,水位下降,因此他写曾听人说长江涨潮时潮头有一丈多高,而岸边沙滩上的浪痕也令人想到那种情形。

4 中泠:泉名,在金山西。石盘陀:形容石块巨大。

5 归楫:从金山回去的船。楫原是船桨,这里以部分代整体。

6 "微风"两句:微风吹皱水面,泛起的波纹像靴子上的细纹,落霞映在水里,如金鱼重叠的红鳞。

7 初生魄:新月初生。苏轼游金山在农历十一月初三,故有此说。

8 "江心"句:或指江中能发光的某些水生动物(古人亦曾有记载,如木华《海赋》:"阴火潜然。"曹唐《南游》:"涨海潮生阴火灭。"),或只是月光下诗人看到的幻象。原注:"是夜所见如此。"

9 谢:告诉。

10 如江水:古人发誓的一种方式。如《左传》僖公二十四年,晋公子重耳对子犯说:"所不与舅氏同心者,有如白水!"《晋书·祖逖传》载祖逖渡江北伐时,"中流击楫而誓曰:'祖逖不能清中原而复济者,有如大江!'"苏轼认为江中的炬火是江神在向他示警,因此他说,自己如果有了田产而不归隐,就"有如江水"。由此可见,现在未能弃官还乡,实在是不得已的事。

归宜兴留题竹西寺(其三)[1]

此生已觉都无事,今岁仍逢大有[2]年。
山寺归来闻好语,野花啼鸟亦欣然。

1 这首诗作于元丰八年(1085),时苏轼买地于常州宜兴。据苏辙作子瞻墓志:"南至扬州,常人为公买田书至,公喜,作诗有'闻好语'之句。"竹西寺:在扬州,一名山光寺。
2 大有:大熟,丰收。

六月二十七日望湖楼醉书[1]

其一

黑云翻墨[2]未遮[3]山,白雨[4]跳珠乱入船。
卷地风来[5]忽吹散,望湖楼下水如天[6]。

1 这组诗作于熙宁五年(1072)六月二十七日,苏轼游西湖后,回到望湖楼上。望湖楼,古建筑名,又叫看经楼,位于杭州西湖畔,五代时吴越王钱弘俶所建。
2 翻墨:打翻的黑墨水,形容云层很黑。
3 遮:遮盖,遮挡。
4 白雨:夏日阵雨的特殊景观,因雨点大而猛,在湖光山色的衬托下，显得白而透明。跳珠：跳动的珍珠，形容雨大势急。
5 卷地风来：指狂风席地卷来。韩退之《双鸟诗》："春风卷地起，百鸟皆飘浮。"
6 水如天：形容湖面像天空一般开阔而平静。

其二

放生鱼鳖逐人来[1]，无主荷花到处开。
水枕[2]能令山俯仰，风船解与月徘徊。

1 "放生"句：宋真宗时，杭州地方官王钦若请奏以西湖为放生地，禁止捕鱼鸟，为人主祈福。宋仁宗时，杭州地方官也照此做法。
2 水枕：船行于湖面，就好像枕在水上。

八月十五日看潮五绝（其二）[1]

万人鼓噪慑吴侬[2]，犹似浮江老阿童[3]。
欲识潮头高几许？越山浑[4]在浪花中。

1 这首诗作于熙宁六年（1073），时苏轼在杭州任通判，留下了一组诗写钱塘江潮，共五首，此为第二首，描绘潮水的气势。
2 鼓噪：击鼓呼叫。慑吴侬：使吴人震慑。
3 似：一作"是"。阿童：晋王浚小名阿童，平蜀以后，他造战船、练水军，顺流东下，一举消灭了东吴。

4 浑:全。

有美堂暴雨[1]

游人脚底一声雷,满座顽云[2]拨不开。
天外黑风吹海立,浙东飞雨过江来。
十分潋滟金樽凸,千杖敲铿[3]羯鼓催。
唤起谪仙[4]泉洒面,倒倾鲛室[5]泻琼瑰。

1 这首诗作于熙宁六年(1073),为苏轼的即兴之作。有美堂:嘉祐二年(1057)梅挚出守杭州,仁宗皇帝亲自赋诗送行,中有"地有吴山美,东南第一州"之句。梅挚到杭州后,就在吴山顶上建有美堂以见荣宠。
2 顽云:密布不散的乌云。
3 敲铿:啄木鸟啄木声,这里借指打鼓声。
4 谪仙:被贬谪下凡的仙人,指李白。贺知章曾赞美他为谪仙人。唐玄宗曾谱新曲,召李白作词。时白已醉,以水洒面,使之清醒,即时写了多篇。
5 鲛室:神话中海中鲛人所居之处,这里指海。

海棠[1]

东风袅袅泛崇光[2],香雾空蒙[3]月转廊。
只恐夜深花睡去[4],故烧高烛照红妆[5]。

1 这首诗作于元丰七年（1084）。苏轼到黄州后对海棠情有独钟，每年花开时节都要与友人赏花喝酒。
2 东风：春风。袅袅：微风轻轻吹拂的样子，一作"渺渺"。崇光：指在高处的海棠光泽。
3 空蒙：一作"霏霏"。
4 夜深花睡去：暗引唐玄宗赞杨贵妃"海棠睡未足耳"的典故。史载，昔明皇召贵妃同宴，而妃宿酒未醒，帝曰："岂是妃子醉，真海棠睡未足耳。"
5 "故烧"句：一作"高烧银烛照红妆"。

东坡[1]

雨洗东坡月色清，市人行尽野人行。
莫嫌荦确[2]坡头路，自爱铿然曳杖声。

1 这首诗作于元丰四年（1081）。苏轼到黄州的第二年，"请故营地数十亩"，以"躬耕其中"。因为其地在黄州东门之外，白居易为忠州刺史时作《东坡》诗，苏轼效其名将此地命为东坡，并以此地名作为自己的别号。
2 荦（luò）确：险峻不平的山石。

赠刘景文[1]

荷尽已无擎雨盖[2]，菊残犹有傲霜枝。

一年好景君须记,正是[3]橙黄橘绿时[4]。

1 这首诗作于元祐五年(1090)。刘景文,名季孙,字景文,工诗,时任两浙兵马都监,驻杭州。苏轼视他为国士,曾上表推荐,并以诗歌唱酬往来。
2 雨盖:旧称雨伞,诗中比喻荷叶舒展的样子。
3 正是:一作"最是"。
4 橙黄橘绿时:指橙子发黄、橘子将黄犹绿的时候,指农历秋末冬初。

六月二十日夜渡海[1]

参横斗转[2]欲三更,苦雨终风[3]也解晴。
云散月明谁点缀?天容海色本澄清[4]。
空余鲁叟乘桴[5]意,粗识轩辕奏乐声[6]。
九死南荒吾不恨,兹游奇绝冠平生。

1 这首诗作于元符三年(1100)苏轼渡琼州海峡赴廉州的途中。
2 参横斗转:参星横斜,北斗星转向,说明时值夜深。参、斗,两星宿名,皆属二十八星宿。横、转,指星座位置的移动。
3 苦雨终风:久雨不停,终日刮大风。
4 "天容"句:青天碧海本来就是澄清明净的,比喻自己本来清白,政乱诬陷如蔽月的浮云,终会消散。

5 鲁叟：孔子。据《论语·公冶长》载，孔子曾说："道（王道）不行，乘桴浮于海。"
6 奏乐声：这里形容涛声，也隐指老庄玄理。《庄子·天运》中说，黄帝在洞庭湖边演奏《咸池》乐曲，并借音乐说了一番玄理。

陌上花（其一）[1]

游九仙山[2]，闻里中儿歌《陌上花》，父老云：吴越王妃[3]每岁春必归临安，王以书遗妃曰："陌上花开，可缓缓归矣。"吴人用其语为歌，含思宛转，听之凄然。而其词鄙野，为易之云。

陌上花开蝴蝶飞，江山犹是昔人非[4]。

遗民[5]几度垂垂[6]老，游女[7]长歌缓缓归。

1 这首诗作于熙宁六年（1073）八月，时苏轼因公务在临安短暂停留。

2 九仙山：苏轼《宿九仙山》诗题下自注："九仙谓左元放、许迈、王（俭）谢（安）之流。"九仙山在杭州西，山上无量院相传为葛洪、许迈炼丹处。

3 吴越王妃：指五代吴越王钱俶之妃。吴越王，《新五代史·吴越世家》载，宋兴，吴越王钱俶"始倾其国以事贡献。太祖皇帝时，俶尝来朝，厚礼遣还国。……太平兴国（宋太宗年号）三年，诏俶来朝，俶举族归于京师，国除"。

4 昔人非：苏轼作此诗时，距离太平兴国三年已近一百年，当时之人自无在者。
5 遗民：亡国之民。
6 垂垂：一作"年年"，渐渐。
7 游女：出游陌上的女子。

浣溪沙·游蕲水清泉寺[1]

游蕲水清泉寺，寺临兰溪，溪水西流。

山下兰芽短浸溪，松间沙路净无泥，潇潇暮雨子规啼。

谁道人生无再少？门前流水尚能西！休将白发唱黄鸡。

1 这首词作于元丰五年（1082）三月，时苏轼与友人庞安时同行。

水调歌头·明月几时有[1]

丙辰中秋，欢饮达旦，大醉，作此篇，兼怀子由。

明月几时有，把酒问青天。不知天上宫阙，今夕是何年。我欲乘风归去，又恐琼楼玉宇，高处不胜寒。起舞弄清影，何似在人间？

转朱阁，低绮户，照无眠。不应有恨，何事长向别时圆？人有悲欢离合，月有阴晴圆缺，此事古难全。但愿人长久，千里共婵娟。

1 这首词作于熙宁九年（1076），即丙辰年。苏轼于熙宁四年秋离开汴梁,赴杭州任通判,熙宁七年秋离开杭州赴密州。因为无法实现自己的政治主张,心情郁闷,又五年未与弟弟苏辙见面,故作此词。

江城子·密州出猎[1]

老夫聊发少年狂,左牵黄,右擎苍,锦帽貂裘,千骑卷平冈。为报倾城随太守,亲射虎,看孙郎。

酒酣胸胆尚开张,鬓微霜,又何妨!持节云中,何日遣冯唐?会挽雕弓如满月,西北望,射天狼。

---

1 这首词作于熙宁八年(1075),苏轼在密州任知州。

念奴娇·赤壁怀古[1]

大江东去,浪淘尽,千古风流人物。故垒西边,人道是,三国周郎赤壁。乱石穿空,惊涛拍岸,卷起千堆雪。江山如画,一时多少豪杰。

遥想公瑾当年,小乔初嫁了,雄姿英发。羽扇纶巾,谈笑间,樯橹灰飞烟灭。故国神游,多情应笑我,早生华发。人生如梦,一尊还酹江月。

---

1 这首词作于元丰五年(1082)。苏轼游黄州的赤鼻矶时作《赤壁赋》,约同时作此词。

定风波·莫听穿林打叶声[1]

三月七日，沙湖道中遇雨。雨具先去，同行皆狼狈，余独不觉，已而遂晴，故作此。

莫听穿林打叶声，何妨吟啸且徐行。竹杖芒鞋轻胜马，谁怕？一蓑烟雨任平生。

料峭春风吹酒醒，微冷，山头斜照却相迎。回首向来萧瑟处，归去，也无风雨也无晴。

1 这首词作于元丰五年（1082）三月七日。苏轼被贬黄州后，准备在沙湖买田终老。这首词是去沙湖看田归途遇雨后所作。

新城道中（其一）[1]

东风[2]知我欲山行，吹断檐间积雨声[3]。
岭上晴云披絮帽[4]，树头初日挂铜钲[5]。
野桃含笑竹篱短，溪柳自摇沙水清。
西崦[6]人家应最乐，煮芹烧笋饷[7]春耕。

1 熙宁六年（1073）春，苏轼正在杭州通判任上出巡所领各属县。新城在杭州西南，为杭州属县（今浙江杭州富阳新登）。苏轼自富阳赴新城途中，饱览了秀丽明媚的春光，见到了繁忙的春耕景象，满心喜欢，写下了这首诗。
2 东风：春风。

3 吹断檐间积雨声：吹停了屋外下了很久的雨。
4 絮帽：绵帽。
5 钲：古代一种铜制的乐器，又名丁宁，形状像钟，打击发声。
6 西崦：泛指西山。
7 饷：以食物款待别人。

江城子·乙卯正月二十日夜记梦[1]

十年生死两茫茫。不思量[2]，自难忘。千里孤坟[3]，无处话凄凉。纵使相逢应不识，尘满面，鬓如霜。

夜来幽梦[4]忽还乡。小轩窗，正梳妆。相顾无言，惟有泪千行。料得年年肠断处，明月夜，短松冈。

1 这首词作于熙宁八年（1075）正月，即乙卯。时距离王弗过世已经十年整，王弗生前与苏轼恩爱非常。
2 思量：想念。
3 千里：王弗葬地四川眉山与苏轼任所山东密州相隔遥远，故称"千里"。孤坟：王氏之墓。孟启《本事诗·徵异第五》载张姓妻孔氏赠夫诗："欲知肠断处，明月照孤坟。"
4 幽梦：梦境隐约，故云幽梦。

蝶恋花·春景[1]

花褪残红青杏小。燕子飞时，绿水人家绕。枝上柳绵[2]吹又少,天涯何处无芳草[3]。

墙里秋千墙外道。墙外行人,墙里佳人笑。笑渐不闻声渐悄,多情却被无情恼。

1 这首词作于绍圣二年(1095)春末至夏初。
2 柳绵:柳絮。韩偓《寒食日重游李氏园亭有怀》:"往年同在莺桥上,见倚朱阑咏柳绵。"
3 "天涯"句:春光已晚,芳草长遍天涯。《离骚》:"何所独无芳草兮,尔何怀乎故宇?"

临江仙·夜归临皋[1]

夜饮东坡醒复醉,归来仿佛三更。家童鼻息已雷鸣。敲门都不应,倚杖听江声[2]。

长恨此身非我有,何时忘却营营[3]!夜阑风静縠纹[4]平。小舟从此逝,江海寄余生。

1 这首词作于元丰五年(1082)九月。苏轼元丰三年到黄州,定居定惠院,后迁居临皋亭,元丰五年修好雪堂后,常来此处。
2 听江声:苏轼寓居临皋,在湖北黄县南长江边,故能听长江涛声。
3 营营:周旋、忙碌,内心躁急之状,形容为利禄竞逐钻营。
4 縠纹:比喻水波细纹。縠,绉纱。

水龙吟·次韵章质夫杨花词[1]

似花还似非花,也无人惜从教[2]坠。抛家傍路,思量却是,无情有思[3]。萦损柔肠[4],困酣娇眼[5],欲开还闭。梦随风万里,寻郎去处,又还被、莺呼起[6]。

不恨此花飞尽,恨西园、落红难缀。晓来雨过,遗踪何在?一池萍碎[7]。春色[8]三分,二分尘土,一分流水。细看来,不是杨花,点点是离人泪。

1 这首词作于元丰四年(1081)。苏轼《与章质夫》(《苏轼文集》卷五十五):"《柳花》词绝妙,使来者何以措词。"章质夫,指章楶,建州浦城(今福建南平浦城)人,时任荆湖北路提点刑狱,常与苏轼诗词酬唱。
2 从教:任凭。
3 无情有思:言杨花看似无情,却自有它的愁思。韩愈《晚春》:"杨花榆荚无才思,惟解漫天作雪飞。"这里反用其意。
4 柔肠:柳枝细长柔软,故以柔肠为喻。白居易《杨柳枝》:"人言柳叶似愁眉,更有愁肠似柳丝。"
5 娇眼:美人娇媚的眼睛,比喻柳叶。古人诗赋中常称初生的柳叶为柳眼。
6 "梦随"三句:金昌绪《春怨》:"打起黄莺儿,莫教枝上啼。啼时惊妾梦,不得到辽西。"
7 一池萍碎:苏轼自注:"杨花落水为浮萍,验之信然。"

8 春色:代指杨花。

望江南·超然台作[1]

春未老,风细柳斜斜。试上超然台上看,半壕春水一城花。烟雨暗千家。

寒食后,酒醒却咨嗟。休对故人思故国,且将新火[2]试新茶[3]。诗酒趁年华。

1 这首词作于熙宁九年(1076)暮春,时苏轼到密州任职一年,因旧台修葺,由苏辙名之"超然",故作。
2 新火:唐宋习俗,清明前两天起禁火三日,节后另取榆柳之火,谓之"新火"。
3 新茶:寒食前所采制的火前茶。

卜算子·黄州定慧院寓居作[1]

缺月挂疏桐,漏断[2]人初静。谁见幽人独往来,缥缈孤鸿影。
惊起却回头,有恨无人省。拣尽寒枝不肯栖,寂寞沙洲冷。

1 这首词作于元丰三年(1080),苏轼初到黄州。原题"黄州定惠寺寓居作"。
2 漏断:深夜。

267

西江月·梅花[1]

玉骨[2]那愁瘴雾,冰姿自有仙风。海仙时遣探芳丛。倒挂绿毛幺凤[3]。

素面常嫌粉涴[4],洗妆不褪唇红[5]。高情[6]已逐晓云空。不与梨花同梦[7]。

1 这首词作于绍圣三年(1096)十月前后,时离王朝云去世已有三个月,苏轼为悼念朝云而作此词。
2 玉骨:梅花枝干的美称。唐冯贽《云仙杂记》卷二:"袁丰居宅后,有六株梅……(丰)叹曰:'烟姿玉骨,世外佳人,但恨无倾城笑耳。'即使妓秋蟾出比之。"
3 绿毛幺凤:岭南的一种珍禽,似鹦鹉。
4 涴:沾污,弄脏。
5 唇红:喻红色的梅花。
6 高情:高隐超然物外之情。
7 "不与"句:苏轼自注:"诗人王昌龄,梦中作梅花诗。"

西江月·顷在黄州[1]

顷在黄州,春夜行蕲水[2]中。过酒家,饮酒醉,乘月至一溪桥上,解鞍,曲肱醉卧少休。及觉已晓,乱山攒拥,流水锵然,疑非尘世也,书此语桥柱上。

照野弥弥[3]浅浪,横空隐隐层霄[4]。障泥[5]未解玉骢骄,我欲醉眠芳草。

可惜一溪风月,莫教踏碎琼瑶[6]。解鞍欹枕绿杨桥,杜宇一声春晓。

1 这首词作于元丰五年(1082)三月。
2 蕲水:水名,流经湖北蕲春县境,在黄州附近。
3 弥弥:水波翻动的样子。
4 层霄:弥漫的云气。
5 障泥:马鞯,垂于马两旁以挡泥土。
6 琼瑶:美玉,这里形容月亮在水中的倒影。

八声甘州·寄参寥子[1]

有情风、万里卷潮来,无情送潮归。问钱塘江上,西兴[2]浦口,几度斜晖。不用思量今古,俯仰昔人非[3]。谁似东坡老,白首忘机[4]。

记取西湖西畔,正暮山好处,空翠烟霏。算诗人相得[5],如我与君稀。约他年、东还海道,愿谢公、雅志[6]莫相违。西州[7]路,不应回首,为我沾衣。

1 这首词作于元祐六年(1091),苏轼应召赴京后,寄赠参寥子这首词。参寥子,即僧人道潜,浙江于潜人,精通佛典,工诗,苏轼与之交厚。

2 西兴:西陵,在钱塘江南。

3 俯仰昔人非:语出王羲之《兰亭集序》:"俯仰之间,已为陈迹。"

4 忘机:忘却世俗的机诈之心。李白《下终南山过斛斯山人宿置酒》:"我醉君复乐,陶然共忘机。"苏轼《和子由送春》:"芍药樱桃俱扫地,鬓丝禅榻两忘机。"

5 相得:相交,相知。

6 谢公雅志:《晋书·谢安传》载:谢安虽为大臣,"然东山之志始末不渝,每形于颜色","造泛海之装,欲经略初定,自江道还东。雅志未就,遂遇疾笃"。雅志,很早立下的志愿。

7 西州:《晋书·谢安传》载:安在世时,对外甥羊昙很好。安死后,羊昙"辍乐弥年,行不由西州路"。某次醉酒,过西州门,回忆往事,"悲感不已","恸哭而去"。西州,古建业城门名。晋宋间建业(今江苏南京)为扬州刺史治所,以治所在城西,故称西州。

江城子·湖上与张先同赋时闻弹筝[1]

凤凰山[2]下雨初晴,水风清,晚霞明。一朵芙蕖[3],开过尚盈盈[4]。何处飞来双白鹭[5],如有意,慕娉婷。

忽闻江上弄哀筝,苦含情,遣谁听!烟敛云收[6],依约是湘灵[7]。欲待曲终寻问取,人不见,数峰青[8]。

1 这首词作于熙宁五年(1072)至熙宁七年(1074),苏轼与当时已八十余岁的词人张先同游西湖时所作。张先,字子野,北宋词人,有《子野词》。因有"云破月来花弄影""帘幕卷花影""堕轻絮无影"之句,世称"张三影"。

2 凤凰山:在杭州之南。

3 芙蕖:荷花。

4 盈盈:轻盈美丽的样子。

5 白鹭:此处暗指爱慕弹筝人的男子。

6 烟敛云收:仙人在天上驾云而行,所到之处烟云缭绕。此处是把弹筝姑娘比作下凡的仙人。

7 湘灵:古代传说中的湘水之神。《楚辞·远游》:"使湘灵鼓瑟兮,令海若舞冯夷。"洪兴祖补注:"此湘灵乃湘水之神,非湘夫人也。"此处暗指弹筝姑娘缥缈超绝。

8 "欲待"三句:钱起《省试湘灵鼓瑟》:"曲终人不见,江上数峰青。"

赤壁赋[1]

壬戌之秋,七月既望,苏子与客泛舟游于赤壁之下。清风徐来,水波不兴。举酒属客,诵明月之诗,歌窈窕之章。少焉,月出于东山之上,徘徊于斗牛之间。白露横江,水光接天。纵一苇之所如,凌万顷之茫然。浩浩乎如冯虚御风,而不知其所止;飘飘乎如遗世独立,羽化而登仙。

于是饮酒乐甚,扣舷而歌之。歌曰:"桂棹兮兰桨,击空明兮溯流光。渺渺兮予怀，望美人兮天一方。"客有吹洞箫者，倚歌而和之。其声呜呜然，如怨如慕，如泣如诉，余音袅袅，不绝如缕，舞幽壑之潜蛟，泣孤舟之嫠妇。

苏子愀然，正襟危坐而问客曰："何为其然也？"

客曰："'月明星稀，乌鹊南飞。'此非曹孟德之诗乎？西望夏口，东望武昌，山川相缪，郁乎苍苍，此非孟德之困于周郎者乎？方其破荆州，下江陵，顺流而东也，舳舻千里，旌旗蔽空，酾酒临江，横槊赋诗，固一世之雄也，而今安在哉？况吾与子渔樵于江渚之上，侣鱼虾而友麋鹿；驾一叶之扁舟，举匏樽以相属。寄蜉蝣于天地，渺沧海之一粟。哀吾生之须臾，羡长江之无穷。挟飞仙以遨游，抱明月而长终。知不可乎骤得，托遗响于悲风。"

苏子曰："客亦知夫水与月乎？逝者如斯，而未尝往也；盈虚者如彼，而卒莫消长也。盖将自其变者而观之，则天地曾不能以一瞬；自其不变者而观之，则物与我皆无尽也，而又何羡乎！且夫天地之间，物各有主，苟非吾之所有，虽一毫而莫取。惟江上之清风，与山间之明月，耳得之而为声，目遇之而成色，取之无禁，用之不竭，是造物者之无尽藏也，而吾与子之所共适。"

客喜而笑，洗盏更酌，肴核既尽，杯盘狼藉。相与枕藉乎舟中，不知东方之既白。

1 元丰二年（1079），苏轼被贬为黄州团练副使。元丰五年

（1082）秋冬，苏轼先后两次游览了黄州附近的赤壁，写下两篇赋。本文是第一篇，又称前赤壁赋。

初发嘉州[1]

朝发鼓阗阗[2]，西风猎画旗[3]。

故乡飘已远，往意浩无边。

锦水细不见，蛮江清可怜。

奔腾过佛脚，旷荡造平川。

野市有禅客[4]，钓台寻暮烟。

相期定先到，久立水潺潺。

1 这首诗作于嘉祐四年（1059）冬。
2 阗阗：鼓声，开船时的信号。
3 猎：动词，这里解作震动、吹响。旗，旗子上的飘带。
4 禅客：此指宗一。

初到黄州[1]

自笑平生为口忙[2]，老来事业转荒唐。

长江绕郭知鱼美，好竹连山觉笋香。

逐客不妨员外置[3]，诗人例作水曹郎。

只惭无补丝毫事，尚费官家压酒囊[4]。

1 元丰三年（1080）二月苏轼抵黄州贬所，作此诗。
2 为口忙：语意双关，既指因言事和写诗而获罪，又指为谋生糊口，并呼应下文的"鱼美""笋香"的口腹之美。
3 逐客：贬谪之人，苏轼自谓。员外：定员以外的官员，苏轼所任检校官亦属此列，故云。
4 压酒囊：压酒滤糟的布袋。苏轼自注："检校官例折支，多得退酒袋。"宋代官俸一部分用实物来抵数，叫折支。这里说，检校官的"折支"，多用官府中酿酒用剩的酒袋来抵数。

吴中田妇叹[1]

今年粳稻熟苦迟，庶[2]见霜风来几时。
霜风来时雨如泻，杷头出菌镰生衣[3]。
眼枯泪尽雨不尽，忍见黄穗卧青泥！
茅苫一月垅上宿，天晴获稻随车归。
汗流肩赪[4]载入市，价贱乞与如糠粞[5]。
卖牛纳税拆屋炊，虑浅不及明年饥[6]。
官今要钱不要米[7]，西北万里招羌儿[8]。
龚黄[9]满朝人更苦，不如却作河伯妇！

1 这首诗作于熙宁五年（1072）。题下苏轼自注："和贾收韵。"
2 庶：庶几，表示推测或希望。本句是指霜风经常来。
3 杷：同"耙"，翻土用的农具。出菌：发霉。衣，这里指铁锈。

4 赪：红色。

5 粞：碎米。

6 "卖牛"两句：农民卖牛纳税，拆下屋子的木料烧饭，顾不得明年的饥荒了。

7 此句意为当时推行的新法规定，交税、免役均用现钞。农民必须把实物换成钱币，结果市场上出现了"钱荒米贱"的现象，导致田地荒疏，农民躲避税收而流离失所。

8 此句意为王安石等人用钱来招抚西北的羌族部落。

9 龚黄：指龚遂、黄霸，二人均是汉代宽政恤民的清官。这里借指推行新法的官员，是反语。

琴诗[1]

若言琴上有琴声，放在匣中何不鸣？
若言声在指头上，何不与君指上听？

1 诗前自序云："武昌主簿吴亮君采，携其友人沈君十二琴之说，与高斋先生空同子之文、太平之颂以示予。予不识沈君，而读其书如见其人，如闻十二琴之声。予昔从高斋先生游，尝见其宝一琴，无铭无识，不知其何代物也。请以告二子，使从先生求观之。此十二琴者，待其琴而后和。元丰五年闰六月。"

次荆公韵四绝（其三）[1]

骑驴渺渺入荒陂，想见先生未病时。

劝我试求三亩宅，从公已觉十年迟。

1 元丰七年（1084）八月苏轼赴汝州，途经金陵作此诗。

题西林壁[1]

横看成岭侧成峰，远近高低各不同。

不识庐山真面目，只缘身在此山中。

1 这首诗作于元丰七年（1084）。

纵笔[1]

白发萧散满霜风，小阁藤床寄病容。

报道先生春睡美，道人轻打五更钟。

1 这首诗作于绍圣四年（1097）。

被酒独行，遍至子云、威、徽、先觉四黎之舍（其一）[1]

半醒半醉问诸黎，竹刺藤梢步步迷。

但寻牛矢[2]觅归路，家在牛栏西复西。

1 这首诗作于元符二年(1099)。被酒,带有醉意,刚喝过酒。
2 牛矢:牛粪。

水调歌头·黄州快哉亭赠张偓佺[1]

落日绣帘卷,亭下水连空。知君为我新作,窗户湿青红[2]。长记平山堂上,欹枕江南烟雨,杳杳没孤鸿。认得醉翁语,山色有无中。

一千顷,都镜净,倒碧峰。忽然浪起,掀舞一叶白头翁。堪笑兰台公子[3],未解庄生天籁,刚道有雌雄[4]。一点浩然气,千里快哉风。

1 元丰六年(1083)六月,张偓佺建快哉亭,此词有"知君为我新作"句,词即作于此时。
2 湿青红:新涂上青红的油漆。
3 兰台公子:宋玉,曾任兰台令。
4 雌雄:这里指雌雄二风。宋玉《风赋》中把风分为"大王之雄风"与"庶人之雌风"两种。

沁园春·孤馆灯青[1]

赴密州,早行,马上寄子由。

孤馆灯青,野店鸡号,旅枕梦残。渐月华收练[2],晨霜耿耿[3];云山摛锦[4],朝露漙漙。世路无穷,劳生有限,似此区区长鲜欢。微吟罢,凭征鞍无语,往事千端。

当时共客长安,似二陆初来俱少年。有笔头千字,胸中万卷;致君尧舜,此事何难?用舍由时,行藏[5]在我,袖手何妨闲处看。身长健,但优游卒岁,且斗尊前。

1 苏轼与其弟苏辙兄弟情深,任杭州通判期间,其弟在济南为官,相思甚切,为接近亲人,向朝廷请求到密州任职,得准改任密州知州。熙宁七年(1074)苏轼起程赴密州,这首词便作于此时。
2 练:生丝煮熟使柔软洁白,用此比喻月光的皎洁。
3 耿耿:明亮的样子。
4 摘锦:似锦缎展开,形容云雾缭绕的山峦色彩不一。
5 行藏:意为被任用就出仕,不被任用就退隐。

西江月·平山堂[1]

三过平山堂下,半生弹指声中。十年不见老仙翁[2],壁上龙蛇飞动。

欲吊文章太守,仍歌杨柳春风。休言万事转头空,未转头时皆梦。

1 这首词作于元丰二年(1079)。平山堂在扬州大明寺侧,欧阳修所建。
2 老仙翁:指欧阳修,当时已去世。

鹧鸪天·林断山明竹隐墙[1]

林断山明竹隐墙,乱蝉衰草小池塘。翻空白鸟时时见,照水红蕖细细香。

村舍外,古城旁。杖藜徐步转斜阳。殷勤昨夜三更雨,又得浮生一日凉。

1 这首词作于元丰六年(1083),题一作"时谪黄州"。

南乡子·送述古[1]

回首乱山横。不见居人只见城。谁似临平山上塔,亭亭,迎客西来送客行。

归路晚风清。一枕初寒梦不成。今夜残灯斜照处,荧荧[2],秋雨晴时泪不晴。

1 这首词作于熙宁七年(1074)七月。
2 荧荧:既指"残灯斜照",又指泪光,比喻贴切新颖。这里指残灯照射泪珠的闪光。

洞仙歌·冰肌玉骨[1]

余七岁时,见眉州老尼,姓朱,忘其名,年九十余。自言尝随其师入蜀主孟昶宫中。一日,大热,蜀主与花蕊夫人夜纳凉摩诃池上,作一词,朱具能记之。今四十年,朱已死久矣,人无知此词者,但记其首两句。暇日寻味,岂洞仙歌令乎!乃为足之云。

冰肌玉骨,自清凉无汗。水殿风来暗香满。绣帘开、一点明月窥人,人未寝,欹枕钗横鬓乱。

起来携素手,庭户无声,时见疏星渡河汉。试问夜如何?夜已三更,金波淡、玉绳低转。但屈指西风几时来?又不道流年,暗中偷换。

1　据词序,苏轼作此词时四十七岁,当为元丰五年(1082)。

永遇乐·彭城夜宿燕子楼,梦盼盼,因作此词[1]

明月如霜,好风如水,清景无限。曲港跳鱼,圆荷泻露,寂寞无人见。紞如[2]三鼓,铿然一叶,黯黯梦云[3]惊断。夜茫茫,重寻无处,觉来小园行遍。

天涯倦客,山中归路,望断故园心眼。燕子楼空,佳人何在,空锁楼中燕。古今如梦,何曾梦觉,但有旧欢新怨。异时对,黄楼[4]夜景,为余浩叹。

1　这首词作于元丰元年(1078)。
2　紞如:形容鼓声。
3　梦云:喻梦见盼盼。典出宋玉《高唐赋》楚王梦见神女:"朝为行云,暮为行雨。"

4 黄楼：徐州东门上的大楼，苏轼任徐州知州时改建此楼。

行香子·过七里濑[1]

一叶舟轻，双桨鸿惊。水天清、影湛波平。鱼翻藻鉴[2]，鹭点烟汀。过沙溪急，霜溪冷，月溪明。

重重似画，曲曲如屏。算当年、虚老严陵[3]。君臣一梦，今古空名。但远山长，云山乱，晓山青。

1 这首词作于熙宁六年（1073）。
2 藻鉴：亦称藻镜，指背面刻有鱼、藻之类纹饰的铜镜，这里比喻像镜子一样平的水面。
3 严陵：严光，字子陵，东汉隐士。少有高名，与光武帝刘秀同游学。后刘秀称帝，多次延聘严光，但他隐姓埋名，退居富春山。

在喧嚣的世界里，
坚持以匠人心态认认真真打磨每一本书，
坚持为读者提供
有用、有趣、有品位、有价值的阅读。
愿我们在阅读中相知相遇，在阅读中成长蜕变！

好读，只为优质阅读。

苏东坡传：诗酒趁年华，烟雨任平生

策划出品：好读文化　　　　　　监　　制：姚常伟

责任编辑：陈雪媛　　　　　　　产品经理：程　斌

装帧设计：王左左　代　静　　　内文制作：尚春苓

图书在版编目（CIP）数据

苏东坡传：诗酒趁年华，烟雨任平生 / 刘小川著
. —成都：四川文艺出版社，2023.3（2023.5 重印）
ISBN 978-7-5411-6557-3

Ⅰ.①苏… Ⅱ.①刘… Ⅲ.①苏轼（1036—1101）—传记 Ⅳ.① K825.6

中国版本图书馆 CIP 数据核字（2022）第 236044 号

SUDONGPO ZHUAN: SHIJIU CHEN NIANHUA, YANYU REN PINGSHENG

苏东坡传：诗酒趁年华，烟雨任平生

刘小川　著

出 品 人　谭清洁
策划出品　好读文化
责任编辑　陈雪媛
责任校对　段　敏

出版发行　四川文艺出版社（成都市锦江区三色路 238 号）
网　　址　www.scwys.com
电　　话　028-86361781（编辑部）
印　　刷　嘉业印刷（天津）有限公司
成品尺寸　140mm×200mm　　开　本　32 开
印　　张　9.25　　　　　　　字　数　180 千
版　　次　2023 年 3 月第一版　印　次　2023 年 5 月第二次印刷
书　　号　ISBN 978-7-5411-6557-3
定　　价　55.00 元

版权所有·侵权必究。如有质量问题，请与本公司图书销售中心联系调换。010-82069336